Franquias: multiplicar
é a essência do negócio

inter
saberes

Franquias: multiplicar é a essência do negócio

Leandro Krug

inter saberes

Rua Clara Vendramin, 58 . Mossunguê
CEP 81200-170 . Curitiba . PR . Brasil
Fone: (41) 2106-4170
www.intersaberes.com
editora@intersaberes.com

Conselho editorial
Dr. Ivo José Both (presidente)
Dr. Alexandre Coutinho Pagliarini
Dr.ª Elena Godoy
Dr. Neri dos Santos
Dr. Ulf Gregor Baranow

Editora-chefe
Lindsay Azambuja

Gerente editorial
Ariadne Nunes Wenger

Assistente editorial
Daniela Viroli Pereira Pinto

Preparação de originais
Gilberto Girardello Filho

Edição de texto
Palavra do Editor

Capa
Iná Trigo (*design*)
davooda/Shutterstock (imagem)

Projeto gráfico
Bruno Palma e Silva

Diagramação
Iná Trigo

***Designer* responsável**
Iná Trigo

Iconografia
Regina Claudia Cruz Prestes

Dados Internacionais de Catalogação na Publicação (CIP)
(Câmara Brasileira do Livro, SP, Brasil)

Batista, Leandro Krug Líbano
 Franquias: multiplicar é a essência do negócio/Leandro Krug Líbano Batista. Curitiba: InterSaberes, 2022.

 Bibliografia.
 ISBN 978-65-5517-417-5

 1. Franchising (Comércio varejista) 2. Franquias (Comércio varejista) – Brasil 3. Franquias (Comércio varejista) – Brasil – História I. Título.

21-80328   CDD-658.8708

Índices para catálogo sistemático:
1. Franchising: Administração de empresas   658.8708
Cibele Maria Dias – Bibliotecária – CRB-8/9427

Foi feito depósito legal.
1ª edição, 2022.

Informamos que é de inteira responsabilidade do autor a emissão de conceitos.

Nenhuma parte desta publicação poderá ser reproduzida por qualquer meio ou forma sem a prévia autorização da Editora InterSaberes.

A violação dos direitos autorais é crime estabelecido na Lei n. 9.610/1998 e punido pelo art. 184 do Código Penal.

sumário

1 O *franchising* e a evolução histórica do comércio, 21

Apresentação, 13

Como aproveitar ao máximo este livro, 15

Introdução, 19

1.1 Evolução do comércio e do varejo, 22
1.2 História do *franchising*, 32
1.3 Evolução das franquias, 36

2
O *franchising* na atualidade, 43

3
Principais mercados do *franchising*, 81

4
Franquia formatada – *Business Format Franchising*, 91

2.1 Conceito contemporâneo de *franchising*, 44
2.2 Estratégias de canais de vendas contemporâneos, 47
2.3 Classificação das franquias, 60
2.4 Microempreendedor Individual (MEI), 68
2.5 Licenciamento × *franchising*, 70
2.6 Inovação nas redes de franquias brasileiras, 73

3.1 Franquias segmentadas, 82
3.2 Presença do *franchising* em diferntes segmentos, 84
3.3 O mercado de *franchising* nos *shopping centers*, 87

4.1 *Business Format Franchising*, 92
4.2 *Cases* de franquias formatadas no Paraná, 104

5
Atuando como franqueado, 115

6
Formatando sua franquia, 149

5.1 Vantagens de ser um franqueado, 116
5.2 Tipos de franqueados, 117
5.3 O *Guia Oficial de Franquias ABF*, 121
5.4 A feira de franquias da ABF, 123
5.5 Definindo os critérios de seleção, 126
5.6 Aprofundando o conhecimento, 129
5.7 Análise da Circular de Oferta de Franquia (COF), 132
5.8 Análise do contrato de franquia, 136
5.9 Vivendo a rotina de franqueado, 140

6.1 Vantagens de ser um franqueador, 150
6.2 Análise de franqueabilidade, 155
6.3 Processo de formatação de uma rede de franquias, 161
6.4 Erros no processo de formatação, 165
6.5 Planejando a expansão potencial, 166
6.6 Definindo o perfil do franqueado, 170
6.7 Determinando como o franqueado terá sucesso, 172
6.8 Manuais, treinamento e suporte, 176
6.9 Criação dos instrumentos jurídicos, 177
6.10 Fatores de sucesso, 181
6.11 O papel da consultoria, 184

Considerações finais, 189
Glossário, 191
Referências, 195
Anexo, 203
Respostas, 211
Sobre o autor, 217

Dedico esta obra aos meus pais e aos meus tios, que me aproximaram do varejo, setor que me encantou e do qual faço parte até hoje, ajudando centenas de empreendedores a gerar riquezas e empregos.

Agradeço àqueles que primeiro me apresentaram ao mundo do varejo: meus pais e tios, com quem pude aprender a sabedoria essencial do comércio varejista. Agradeço também ao Serviço Brasileiro de Apoio às Micro e Pequenas Empresas (Sebrae), entidade na qual trabalhei durante anos e que me deu condições de me aprofundar no setor de franquias para auxiliarmos centenas de empresários. Atualmente, na dinâmica que caracteriza nossa parceria, o Sebrae recebe as marcas formatadas pela minha empresa para expor em suas feiras e me contrata para a realização de serviços relacionados à formatação de franquias de seus clientes. Agradeço igualmente à Associação Brasileira de Franchising (ABF), a qual foi responsável por uma parte de minha capacitação no assunto. Por fim, agradeço à Editora InterSaberes, que oportunizou a publicação deste livro, contribuindo para ampliar a consciência nacional sobre o setor.

apresentação

Com muito entusiasmo apresentamos o livro *Franquias: multiplicar é a essência do negócio*, destinado a estudantes, professores, empreendedores, administradores e outros profissionais que desejam aprender sobre *franchising*. Esta obra vem atender ao crescente mercado de formação de executivos no Brasil, no contexto da nova Lei do *Franchising* – Lei Federal n. 13.966/2019.

Este material resultou de estudos, pesquisas, ideias e casos de *franchising*, incluindo a *expertise* do autor como consultor e professor. O objetivo é fornecer uma visão ampla do *franchising* e de suas possibilidades de desenvolvimento, com foco na inovação. Assim, foram combinados conceitos e instrumentos de gestão, marketing e tecnologias, de modo a prover informações para o aprendizado e a tomada de decisões. Esperamos que, ao disseminar conhecimentos sobre o planejamento e a prática do *franchising*, esta obra se constitua em uma nova referência útil para quem pesquisa, ensina ou sonha em executar esse sistema de negócio.

Os casos apresentados neste livro formam um acervo de experiências e práticas de gestão de alto valor para profissionais do ensino, estudantes e empreendedores. Podem ser utilizados em programas de graduação e pós-graduação, bem como em cursos específicos nas áreas de varejo, marketing e administração.

A obra está organizada em seis capítulos. O primeiro trata da evolução histórica do *franchising* no contexto geral do comércio varejista, com destaque para *shopping centers*, redes de franquias e unidades franqueadas.

O segundo capítulo situa o *franchising* na atualidade, tendo em vista seu conceito contemporâneo. Aborda estratégias de canais de vendas, classificação das franquias e inovações.

O terceiro capítulo é dedicado aos mercados e às oportunidades do *franchising*.

Na sequência, o quarto capítulo descreve o processo de formatação de franquias e apresenta casos de sucesso.

O quinto capítulo, por sua vez, reúne informações para orientar empreendedores que pretendem ser franqueados. Nele elencamos os tipos, as vantagens e a rotina de franqueado, além de critérios de seleção e instrumentos à disposição do empreendedor.

Por fim, o sexto capítulo destina-se a orientar o franqueador. Abrange as vantagens da empresa que decide franquear seu negócio, o processo de formatação de uma rede, o planejamento da expansão, os instrumentos de gestão e os fatores de sucesso. Também realça o papel da consultoria especializada para o êxito do negócio.

Nosso intuito é que este conteúdo contribua para sua formação profissional, leitor, e colabore para o desenvolvimento de empreendimentos inovadores bem-sucedidos.

como aproveitar ao máximo este livro

Empregamos nesta obra recursos que visam enriquecer seu aprendizado, facilitar a compreensão dos conteúdos e tornar a leitura mais dinâmica. Conheça a seguir cada uma dessas ferramentas e saiba como estão distribuídas no decorrer deste livro para bem aproveitá-las.

Conteúdos do capítulo:
Logo na abertura do capítulo, relacionamos os conteúdos que nele serão abordados.

Após o estudo deste capítulo, você será capaz de:
Antes de iniciarmos nossa abordagem, listamos as habilidades trabalhadas no capítulo e os conhecimentos que você assimilará no decorrer do texto.

Para saber mais
Sugerimos a leitura de diferentes conteúdos digitais e impressos para que você aprofunde sua aprendizagem e siga buscando conhecimento.

Síntese
Ao final de cada capítulo, relacionamos as principais informações nele abordadas a fim de que você avalie as conclusões a que chegou, confirmando-as ou redefinindo-as.

Questões para revisão
Ao realizar estas atividades, você poderá rever os principais conceitos analisados. Ao final do livro, disponibilizamos as respostas às questões para a verificação de sua aprendizagem.

Questões para reflexão
Ao propor estas questões, pretendemos estimular sua reflexão crítica sobre temas que ampliam a discussão dos conteúdos tratados no capítulo, contemplando ideias e experiências que podem ser compartilhadas com seus pares.

introdução

Para realizar o sonho de empreender com relativa tranquilidade em um ambiente dinâmico e versátil, convém fazer boas escolhas. Cultivar a autonomia é o ponto de partida para decisões conscientes.

Empreender implica assumir mais responsabilidades, tomar mais decisões e correr riscos. Nesse contexto, como explica a consultora especialista em economia e marketing Glória Maria Garcia Pereira (2001, p. 103), "Aprender a lidar com os riscos é trazer à consciência as próprias emoções e aprender também a lidar de forma prazerosa com a própria vida. É lidar com os medos, com os controles e com os limites pessoais, suas faltas e seus excessos".

Os negócios contemporâneos demandam abordagens inovadoras. Entre os modelos de sucesso mais promissores está o *franchising*, um sistema interdependente, que opera em rede de forma bem estruturada e organizada.

Desde seus primórdios, o *franchising* passou por uma ampla diversidade de cenários e contextos econômicos, culturais e tecnológicos. Impulsionado pelo dinamismo da ação humana, adapta-se, moderniza-se, inova e, sobretudo, cria oportunidades.

O mercado de franquias tem suas dificuldades e virtudes, mas nele sempre existe espaço suficiente para quem sabe o que quer e se empenha em ser excelente no que faz.

No Brasil, o *franchising* mantém sua trajetória de crescimento gradual, adequando-se à digitalização da economia e às mudanças de comportamento dos consumidores, com investimentos em novos formatos e experiências diferenciadas.

A importância na economia é crescente, tanto em número de redes como de unidades franqueadas em atividade. A expansão ocorre para além dos grandes centros, ampliando-se os pontos comerciais. No período de retração econômica, observa-se a resiliência desse mercado. Surgem novas marcas nacionais e novos modelos de negócios. Além disso, o *franchising* tem um relevante papel na longevidade das empresas de pequeno porte – as principais geradoras de empregos –, pois apresenta taxa de mortalidade baixa (inFlux Franchising, 2019).

Sob essa ótica, a proposta deste livro é fornecer a base para escolhas conscientes, com orientação especializada. Trata-se de um conteúdo prático para que o empreendedor movimente sua energia em direção à realização.

capítulo 1

O *franchising* e a evolução histórica do comércio

Conteúdos do capítulo:

» Evolução do comércio e do varejo dentro e fora do Brasil.
» A sofisticação do varejo e sua variação de formatos.
» A criação do *franchising* e sua evolução até o início do século XXI.

Após o estudo deste capítulo, você será capaz de:

1. compreender como o comércio mundial e a experiência de consumo evoluíram ao longo dos séculos;
2. reconhecer como ocorreu o surgimento do *franchising* e como tem sido sua evolução;
3. identificar a dimensão do impacto que o *franchising* causa na economia e nos empregos.

1.1
Evolução do comércio e do varejo

A luta dos seres humanos para suprir suas necessidades e desejos e evitar o conflito teve como consequência a negociação por meio da troca e do escambo. Por esse motivo, a história da humanidade e a evolução do comércio estão entrelaçadas.

Após a primeira revolução agrícola, ocorrida há dez mil anos a.C., no Período Neolítico, as populações migraram do sistema de caça e coleta para a agricultura e a criação de animais. O avanço da tecnologia proporcionou o excedente de determinados produtos simultaneamente à falta de outros, criando as condições para os primeiros traços do comércio. Mas qual era o maior desafio de todos? Encontrar as comunidades que tivessem em excesso os produtos de que as outras necessitassem.

Cabe lembrar que, milhares de anos atrás, não havia telefone, fax e rádio. Toda a comunicação era pessoal. Não era possível ligar para a Índia e perguntar algo como: "Vocês gostariam de trocar temperos por azeite de oliva?". Foi para responder a essa dificuldade que surgiram as primeiras moedas – um ativo de extrema liquidez para os comerciantes, pois elas se transformavam em outras mercadorias rapidamente. Assim, o dinheiro foi a tecnologia que revolucionou o comércio mundial e o varejo!

Uma das maiores utilidades da escrita e dos sistemas numéricos era o fato de funcionarem como ferramentas de formalização de acordos comerciais entre pessoas, negócios e países. Desse modo, também as unidades de medidas serviam como padrão para que acordos fossem respeitados de forma transparente. Além disso, o comércio influenciou fortemente nossos modelos de sociedade, principalmente nos últimos seis séculos.

A primeira grande onda foi o surgimento dos burgueses, que viviam da atividade de compra e venda de produtos trazidos dos mais diversos lugares para serem comercializados em volta dos burgos que rodeavam os feudos e os reinos durante os séculos XIV e XV.

Com a evolução e o aumento da escala do comércio, criou-se e fortificou-se uma nova classe social: a burguesia. Esta começou a utilizar seu poder econômico para influenciar os reinados, impactando claramente as grandes navegações ocorridas entre os séculos XV e XVI, as quais só foram possíveis graças ao investimento de muito capital da burguesia. Essas viagens revolucionaram o comércio mundial, fazendo com que países pudessem produzir e vender produtos em grande escala, geralmente trazidos de suas colônias.

Segundo Mattar (2011), por volta de 1700, surgiu em pequenas cidades um tipo de loja de produtos em geral no qual era possível encontrar um pouco de tudo: roupas, alimentos, ferramentas. Ironicamente, hoje conseguimos encontrar algo parecido em um hipermercado, apesar de a experiência de compra ser completamente diferente.

No período entre 1850 e 1860, os Estados Unidos passaram por uma grande mudança no comércio. A Revolução Industrial teve por consequência o aparecimento de mais produtos e mais concorrentes no contexto da urbanização crescente. Essa nova realidade trouxe consigo a separação do varejista e do atacadista, que passaram a se especializar cada um em uma função diferente. Em Paris, em 1858, foi criada a primeira loja de varejo de massa do mundo, chamada Le Bon Marché. No mesmo ano, na cidade de Nova York, surgiu um dos maiores ícones do varejo mundial até hoje. Rowland Hussey Macy inaugurou a R. H. Macy & Co. na 6ª Avenida, em Manhattan.

Com a evolução tecnológica durante a Revolução Industrial, a burguesia comercial tornou-se também uma burguesia industrial, dirigindo seus esforços não apenas ao comércio, mas também à produção em grande escala.

No final do século XIX, foram realizados os primeiros estudos de produtividade nas indústrias, o que deu origem à administração científica, de Frederick Taylor, e à linha de montagem, de Henry Ford. Associada a isso, a evolução na infraestrutura em países como os Estados Unidos, por meio da construção de estradas de ferro, da utilização do petróleo e do surgimento do concreto armado, fez com que houvesse um enorme incremento no comércio, que passou a atender a uma ampla e crescente classe consumidora. Nesse contexto, apareceram as primeiras empresas de varejo de venda por catálogo: a Montgomery Ward e a Sears, Roebuck and Company.

A bem-sucedida oferta pública inicial da Sears em 1906 marcou a primeira grande *initial public offer* – IPO (oferta pública inicial de ações) de varejo na história financeira americana e representou a maioridade, em termos financeiros, do setor de consumo. Mesmo passando por inúmeras dificuldades com as crises econômicas norte-americanas, seu modelo obteve muito êxito. O catálogo da Sears ficou conhecido na indústria como a "Bíblia do Consumidor". Apesar da urbanização, o varejo por catálogo fez toda a diferença, por alcançar os consumidores da zona rural norte-americana, entregando-lhes produtos que eles jamais encontrariam nas lojas de suas minúsculas cidades.

Mattar (2011) menciona que, em 1930, foi inaugurada em Nova York a primeira loja com características do que hoje chamamos de *autosserviço*. O conceito permitiu que houvesse uma redução forte nos preços das mercadorias e, por consequência, uma imediata aprovação do público consumidor. Na sequência, a vida moderna passou a exigir do morador da cidade a busca por conveniência para ganho de tempo. Surgiram então, por volta dos anos 1940, as lojas de conveniência, proporcionando comodidade a moradores locais, com horários diferenciados de funcionamento.

Ao longo da década de 1950, apareceram os esboços do que atualmente denominamos *shopping center*, apesar de outras iniciativas anteriores a esse período apresentarem características de centros comerciais.

Desde então, com o crescimento exponencial da sociedade de consumo por todo o mundo, o varejo foi cada vez mais se espalhando pelas cidades. Na atualidade, consideramos a chegada de determinada rede de varejo ou rede de franquias a algumas localidades como sinônimo de progresso e de urbanização!

Em paralelo a toda essa movimentação despontou o *franchising* (ou franqueamento). A palavra *franchise* tem origem francesa (*franchisage*) e sua tradução pode remeter-se a vários significados: "franqueza", "privilégio", "lealdade" (Nunes Junior, 2016). Vamos nos aprofundar um pouco mais nessa história nos tópicos a seguir.

1.1.1
Evolução do comércio e do varejo no Brasil

Em um país tão novo e tão pouco desenvolvido como o Brasil do século XIX, não era possível falar em varejo com uma enorme população rural e uma pequena classe média. Por esse motivo, o comércio no país contava naquela época com pouquíssimos estabelecimentos; por outro lado, havia uma multidão de mascates, que percorriam povoados e vilarejos em todo o território. Em suas maletas e carroças, eles levavam os mais diversos tipos de produtos, sendo habilidosos em suas estratégias comerciais.

No final do século XIX e início do século XX, o fim da escravidão e o princípio da industrialização do país geraram uma crescente população urbana com poder de compra. Foram criadas, assim, as primeiras lojas de maior porte no Brasil: a Casa Masson, em 1871, em Porto Alegre, e as Casas Pernambucanas, em 1906, no Recife. Na sequência, vieram a Mesbla, em 1912, no Rio de Janeiro, e o Mappin, em 1913, em São Paulo. Ao longo de décadas, essas empresas inovaram e construíram o padrão de atendimento das lojas do varejo brasileiro (Mattar, 2011).

Durante e após a Segunda Guerra Mundial, a industrialização no Brasil se intensificou, aumentando tanto a oferta do excedente de produtos quanto o poder de compra da classe trabalhadora. A consolidação da urbanização e da classe média também teve início nesse período.

Na década de 1960, os *shopping centers* chegaram ao Brasil. Além disso, nas grandes metrópoles, começaram a surgir os centros comerciais ou as ruas especializadas que ainda hoje encontramos em vários lugares, como o Bairro Santa Ifigênia, em São Paulo, e a Rua Teffé, em Curitiba – áreas especializadas em eletroeletrônicos e calçados, respectivamente (Mattar, 2011).

Com o desejo do consumidor brasileiro de adquirir eletrodomésticos, na década de 1970, desenvolveram-se as primeiras lojas especializadas no setor, tais como Ponto Frio, Casas Bahia e Arapuã. Na década seguinte, as mercearias começaram a dar espaço aos mercados e aos supermercados, que buscavam propiciar aos consumidores das cidades mais variedade, modernidade e, principalmente, preços competitivos.

As décadas de 1990 e 2000 foram marcadas pela expansão dos hipermercados, que iniciaram sua entrada no Brasil pelo Rio de Janeiro e por São Paulo na década de 1980, mas acabaram se expandindo praticamente por todas as grandes cidades brasileiras, com as marcas Carrefour, Walmart e Extra. Também durante esse período se consolidaram as grandes lojas especializadas em materiais de construção, móveis e decoração. Outro tipo de rede de varejo que se espalhou pelo Brasil foi o de drogarias, que hoje oferecem uma experiência completamente diferente da proporcionadas pelas tradicionais farmácias do início do século XX (Mattar, 2011).

A Figura 1.1, a seguir, esclarece como fabricantes de produtos e serviços chegam até seus consumidores utilizando-se de intermediários ou agindo diretamente. As lojas de varejo compõem alguns dos níveis apresentados no esquema.

Figura 1.1 – Representação típica de estruturas de canais de marketing e vendas ao consumidor

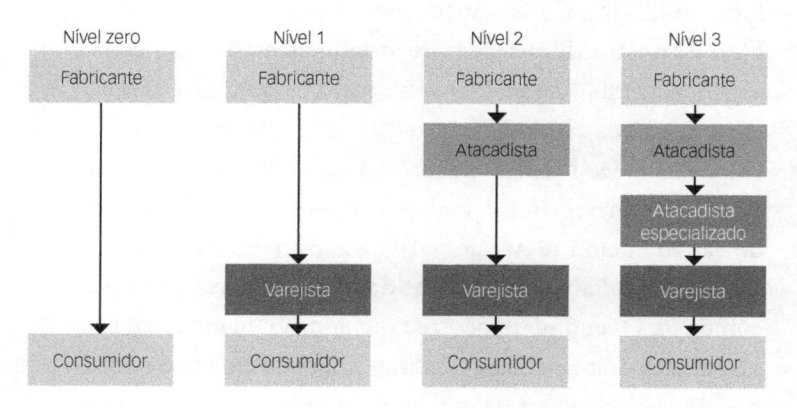

Nível zero	Nível 1	Nível 2	Nível 3
Fabricante	Fabricante	Fabricante	Fabricante
		Atacadista	Atacadista
			Atacadista especializado
	Varejista	Varejista	Varejista
Consumidor	Consumidor	Consumidor	Consumidor

Fonte: Kotler; Keller, 2012, p. 453.

1.1.2
Evolução dos *shopping centers* no Brasil

O *shopping center* surgiu nos Estados Unidos na década de 1950, no bojo da expansão dos subúrbios das grandes cidades, como uma estratégia comercial para atender a um novo tipo de consumidor urbano. Suas origens históricas remetem ao Grande Bazaar de Isfahan, no Irã do século X a.C., com uma grande área coberta. Em 1774, foi inaugurado na Inglaterra o Oxford Covered Market, que funciona até hoje. O primeiro grande centro comercial dos Estados Unidos abriu em 1828, em Rhode Island. Em 1860, surgiu a Galleria Vittorio Emanuele II, em Milão, na Itália (Mattar, 2011).

O primeiro *shopping* europeu planejado foi o Vallingby Centrum, na Suécia, em 1954. Inaugurado em 1981, o West Edmonton Mall, em Alberta, no Canadá, ostentou o título de maior *shopping center* do mundo até 2005, quando foi superado pelo South China Mall, em Dongguan. Em 2019, o Mall of Arabia, inaugurado em 2006, com 929.000 m², na cidade de Dubai, passou a ser considerado o maior *shopping center* do mundo. Em segundo lugar está o Golden Resources Mall, fundado em 2004, também na China (Mattar, 2011).

O primeiro centro comercial brasileiro foi o Mercado Modelo Coelho Cintra, aberto em 1899, no Recife, concebido e construído pelo empreendedor Delmiro Gouveia. Segundo a pesquisadora Manuela Sampaio do Amaral (2018), em trabalho de mestrado para a Escola de Administração de Empresas de São Paulo, da Fundação Getulio Vargas, intitulado *Shopping centers no Brasil: evolução e tendências*, a sofisticação do varejo iniciou-se nos anos 1940, após o fim da Segunda Guerra Mundial, com a necessidade de modernização do comércio. O fenômeno ocorreu quando, ao ingressarem no mercado de trabalho para substituir a mão de obra masculina, que tinha ido à guerra, as mulheres deixaram de costurar em casa. Na década de 1960, o conceito moderno deu origem ao Shopping Iguatemi, em São Paulo, fundado em 1966, e ao Shopping do Meier, no Rio de Janeiro, aberto em 1963. Em 1980, foi inaugurado o Shopping Rio Sul no Rio de Janeiro (Mattar, 2011).

Atualmente, o maior *shopping center* brasileiro é o Centro Comercial Leste Aricanduva, localizado na cidade de São Paulo.

O empreendimento agregador de diversos estabelecimentos comerciais com um padrão uniforme de qualidade foi uma inovação para a época. Seus diferenciais eram o conforto, a segurança, o horário de funcionamento ampliado, a proteção contra condições climáticas adversas e a comodidade para solucionar diversas necessidades em um mesmo lugar.

A definição da localização do empreendimento requeria uma análise criteriosa sobre as características do mercado, entre as quais estavam a densidade demográfica, a acessibilidade, a renda, os hábitos e o potencial de consumo da população, além da concorrência.

O surgimento de meios de pagamento mais sofisticados – como os cartões de débito e crédito – e a urbanização crescente a partir da década de 1980 impulsionaram o papel do *shopping center* na atividade comercial varejista e de prestação de serviços, constituindo-se novos formatos (Mattar, 2011). Em artigo para o Portal Administradores.com, o consultor Julio Santos (2019) elenca os seguintes tipos de *shopping center*:

» **Shopping de vizinhança**: com área entre 3.000 e 15.000 m², atende ao conceito de conveniência, tendo como loja âncora geralmente um supermercado.

» **Shopping comunitário**: com área entre 10.000 e 35.000 m², atende ao conceito de mercadoria geral, tendo como âncoras lojas de departamentos, descontos e um supermercado ou hipermercado.

- » *Shopping* **regional**: com área entre 40.000 e 80.000 m², localizado em grandes e médias cidades, atende ao conceito de mercadoria geral, tendo cerca de 50% de lojas satélites de vestuário e como âncoras lojas de departamentos completas e juniores, lojas de descontos e/ou um hipermercado.
- » *Shopping* **especializado ou temático**: com área entre 8.000 e 25.000 m², atende a um ramo específico, como artigos de vestuário, decoração, construção, esportes, automotivos, entre outros, sem loja âncora.
- » ***Outlet center***: com área entre 5.000 e 40.000 m², custo de construção mais reduzido e acabamento menos sofisticado, geralmente localizado fora do perímetro urbano, reúne lojas simples de preços baixos e/ou artigos de ponta de estoque, tendo lojas de fábricas como âncoras.
- » ***Power center***: com área entre 8.000 e 25.000 m², reúne um conjunto de lojas de departamentos e/ou de descontos, clubes de compras e *off-price*, em torno do conceito "*category killer*"; constitui-se um grupo de lojas âncoras com poucas lojas satélites.
- » ***Discount center***: com área entre 8.000 e 25.000 m², agrega lojas que trabalham com grandes volumes de produtos a preços baixos.
- » ***Mall***: com área entre 8.000 a 25.000 m², congrega lojas de pequeno porte e estabelecimentos de alimentação, lazer e entretenimento.

Embora 60% dos estabelecimentos estejam localizados em cidades com mais de um milhão de habitantes (Santos, 2019), a tendência é a interiorização e a periferização, havendo uma adequação ao perfil das respectivas populações no que tange à renda e aos hábitos de consumo.

Atualmente, o *shopping center* se reposicionou para fazer frente à ameaça à sua sobrevivência representada pelo avanço do *e-commerce*. Com a diversificação das plataformas de interação, o conceito *omnichannel* chegou a esse estabelecimento para garantir ao consumidor o mesmo padrão de atendimento nos meios físicos e digitais, adotando-se formatos mais flexíveis para a oferta de produtos e serviços. Reduz-se, assim, a distância entre o *e-commerce* e as lojas físicas – papel cada vez mais assumido por *pop-up stores*, lojas temporárias que aproveitam a concentração momentânea de consumidores.

Aplicativos tecnológicos oferecem vantagens (como o *cashback*) ao consumidor que tornar disponíveis seus dados – o "ouro" do século XXI. Transações digitais, como vendas *on-line* e *click & collect*, também passaram a ser consideradas nos cálculos dos valores a serem cobrados pelos aluguéis.

O conceito arquitetônico vem sendo atualizado. Para além da função de centro de compras, o *shopping center* firmou-se como *social hub* – ambiente de encontro, convivência, entretenimento e compartilhamento. Abriu espaço para escritórios, clínicas, academias, hotéis, *spas*, cinemas, teatros, gourmetização, faculdades, experiências sensoriais, eventos, *pet shops*, *coworking*, *cohousing* etc. Empresas de *facilities* com equipes altamente qualificadas assumiram funções como segurança, asseio e conservação, serviço de recepção e informação a clientes e apoio administrativo.

A Tabela 1.1, apresentada na sequência, demonstra a dimensão da presença desse formato de varejo no Brasil e seu impacto na economia e nos empregos gerados no país.

Tabela 1.1 – *Shopping centers* em números (dados de setembro de 2019)

Total de *shopping centers*	577
Faturamento anual	R$ 192,8 bilhões
Empregos gerados	1.102.171
Total de lojas	105.592
Salas de cinema	2.900

Fonte: Elaborado com base em Shoppings..., 2020.

1.2 História do *franchising*

Será que a rede de *fast food* McDonald's foi a primeira rede de franquias a ser criada? Certamente, não. Apesar de toda a popularidade dessa marca, houve um caminho muito mais longo para se chegar até a criação do modelo de sistema de franquias que conhecemos atualmente. Segundo Mattar (2011), existem evidências de que modelos próximos ao que hoje chamamos de *franchising* tiveram início na Inglaterra, na Idade Média, quando o rei concedia licenças aos participantes da corte para explorarem terras que estavam sob seu controle.

Entretanto, os fundamentos do *franchising* podem ter várias origens. Algumas práticas incorporadas pelo sistema de franquias têm inspiração em várias outras instituições que as utilizavam em séculos anteriores. Cherto et al. (2006) comentam que alguns fundamentos do *franchising* poderiam ter surgido na Idade Média, quando a Igreja Católica e, posteriormente, os monarcas começaram a cobrar uma taxa para que comerciantes conseguissem uma licença para praticar a venda de produtos.

A seguir, com base na vivência prática no mundo das franquias, apresentamos algumas similaridades entre esse antigo sistema e o atual (Cherto et al., 2006):

» Ao andarmos por pequenas e grandes cidades antigas, percebemos que as igrejas vinculadas ao catolicismo eram construídas em lugares de grande destaque na cidade, muitas vezes até no ponto mais alto. No sistema de franquias, a escolha do ponto comercial para uma unidade física merece preocupação semelhante.

» Em qualquer missa católica, protestante ou evangélica, existem repetidos rituais. A forma como ocorrem é exatamente a mesma ou muito parecida. Essa padronização garante que o religioso que vai a uma missa em uma cidade diferente daquela a que está acostumado a ir encontre o mesmo acolhimento por encontrar identificação com tudo o que acontece nos rituais dentro da nova igreja.

» A Igreja Católica também imprimiu a padronização na arquitetura de seus templos, bem como na vestimenta de seus membros, nas palavras empregadas, nas músicas. Enfim, toda a comunicação passa com força a mesma mensagem. O sistema de franquias utiliza a estratégia para transmitir a força de marca por meio de sua unidade estética.

» O respeito à hierarquia está presente tanto na Igreja quanto no sistema de franquias. Quando o Vaticano, na figura do papa, decide mudar alguma prática da instituição, todos os cardeais devem repassar aos padres das respectivas regiões o novo entendimento, que deve ser imediatamente acatado.

» Tanto a Igreja quanto o sistema de franquias adotam um padrão de repasse de recursos das unidades para a sede.

Senhores feudais e reis coletavam taxas de comerciantes que decidissem explorar o comércio da comunidade que estava instalada em suas terras.

Os exércitos também serviram como uma inspiração natural para a organização padronizada de atividades de comunicação, por meio de símbolos e do respeito à hierarquia.

É importante destacar que, em todos esses casos – Igreja, exército e reinos –, as marcas dessas instituições eram percebidas como fortes perante a sociedade, consequência natural das práticas implantadas por elas e incorporadas pelo sistema de franquias.

O sistema de franquias como conhecemos nos dias atuais surgiu nos Estados Unidos há mais de 150 anos. Isso mesmo! Provavelmente, você já deve ter ouvido falar das máquinas de costura Singer. Pois bem, conforme Cherto et al. (2006), em 1851 ou 1852, na Nova Inglaterra (EUA), a empresa Singer Sewing Company (fabricante das máquinas de costura) decidiu liberar várias licenças para a utilização de sua marca e de seus métodos de operação para comerciantes que tivessem interesse em montar lojas exclusivas em cidades e vilarejos em todo o país. Cinquenta anos depois, a General Motors fez algo muito parecido, aperfeiçoando esse conceito para o que chamamos de *concessionária de veículos*.

Não sendo apenas limitado ao varejo, o sistema de franquias também foi empregado por uma das marcas mais famosas do mundo para viabilizar sua fabricação. No início do século XX, a Coca-Cola criou a primeira franquia de produção. Apenas por volta de 1917 surgiram as primeiras franquias de produtos de conveniência – as chamadas *grocery stores*. Em 1921, foi criada a primeira franquia de serviços de locação de automóveis da marca Hertz (Cherto et al., 2006).

É interessante pensar que só depois desses adventos ocorreu a criação da primeira franquia de *fast food*, que não foi do McDonald's, e sim da marca de restaurantes A&W, que atualmente está em mais de 16 países, com mais de mil operações ativas.

E aqui no Brasil, será que o sistema de franquias demorou muito para chegar? Bem, tendo em vista algumas iniciativas apontadas por Cherto et al. (2006), podemos considerar que, apesar de meio rudimentares, as primeiras formas de franquia chegaram aqui no início dos anos 1940. Segundo os autores, a grande explosão do *franchising* ocorreu após o término da Segunda Guerra Mundial, quando milhares de ex-combatentes norte-americanos em terras estrangeiras retornaram às suas cidades de origem determinados a abrir os próprios negócios. Muitos "quebraram" por falta de experiência empreendedora. Assim, o *franchising* surgiu como solução para esse problema, incentivada pela Small Business Administration, que financiava a abertura de pequenos negócios. Datam dessa época alguns franqueadores notórios, como Dairy Queen e Baskin-Robbins. Burger King, McDonald's, Dunkin' Donuts e KFC iniciaram suas atividades na década de 1950 (Cherto et al., 2006).

A disseminação do *franchising* foi favorecida pela expansão do mercado de publicidade em televisão, que permitiu a veiculação de campanhas nacionais de divulgação, por meio das quais algumas marcas se popularizaram, notadamente as de *fast food*. A regulamentação fez-se necessária para coibir a ação de golpistas inescrupulosos, conhecidos como *"fly-by-night"*, que nessa época venderam operações de *franchising* fictícias e desapareceram sem deixar rastro (Cherto et al., 2006).

Desde então, o *franchising* expandiu-se significativamente nos Estados Unidos e em outros países, movimentando a economia e gerando milhões de empregos diretos e indiretos. Marcas conhecidas por todos nós, como CCAA e Yázigi, existem desde a década de 1960, mas não eram estruturadas como as escolas de idiomas atuais.

Durante os anos 1970, marcas norte-americanas iniciaram seu processo de exportação de franquias. Um dos países-alvo era o Brasil, cuja economia na época chegou a ter um crescimento de mais de 10% ao ano. Graças a esse movimento, algumas franquias tornaram-se verdadeiros símbolos da cultura norte-americana, como é o caso do McDonald's. Com a urbanização do Brasil, surgiu em várias capitais um novo empreendimento: o *shopping center*. Na cidade de São Paulo, o primeiro foi o Shopping Iguatemi, inaugurado em 1966, como vimos anteriormente (Cherto et al., 2006).

A cada década, o varejo brasileiro foi amadurecendo e se profissionalizando. Essa evolução fez com que, aos poucos, estivesse preparado para receber operações com um profissionalismo de nível mundial. Durante os anos 1980, as lojas de departamentos, símbolos do crescimento do mercado consumidor brasileiro, também contribuíram para a profissionalização do atendimento, da gestão e até mesmo da informatização do varejo. Estabelecimentos como Mesbla, Mappin, Pernambucanas e Americanas transformaram a experiência de consumo, fazendo com que uma visita a elas fosse parte de um passeio para muitos e até um passeio turístico para os que moravam em outras cidades.

O sistema de *franchising* passou a ser utilizado no Brasil nos mais diversos ramos empresariais, ganhando expressão na economia e, sobretudo, viabilizando empresas de pequeno porte. O *franchising* brasileiro destaca-se atualmente pelo número de redes e de unidades franqueadas em operação.

1.3
Evolução das franquias

A marca brasileira Bob's abriu as portas de sua primeira loja em 1952, no Bairro de Copacabana, na cidade do Rio de Janeiro. Mesmo assim, só em 1984 a rede passou a expandir-se por meio do sistema de franquias, abrindo lojas no Espírito Santo. O mais impressionante é que atualmente a marca possui mais de 1.100 pontos de venda dos mais diversos formatos, em várias partes do Brasil. Coincidentemente (ou não), foi justamente em Copacabana que surgiu a primeira unidade franqueada do McDonald's no Brasil, em 1979.

Em paralelo a essa história, em 1977 foi criada, na cidade de Curitiba, a primeira loja da marca O Boticário, que cresceu junto com o *franchising* brasileiro. Atualmente, é considerada a maior rede de franquias do Brasil, com mais de 3 mil operações no território nacional e em outras cidades do mundo.

Em novembro de 1984, entrou em vigor o Estatuto da Micro e Pequena Empresa, garantindo alguns direitos aos pequenos empreendedores e gerando parte da estabilidade necessária para a abertura de novos negócios.

Em 1987, apenas 11 marcas operavam no sistema de franquias brasileiro. Isso mesmo: apenas 11 marcas! Ainda assim, nesse ano, Marcus Rizzo, Marcelo Cherto e outros empreendedores fundaram a Associação Brasileira de Franchising (ABF), presidida por Ricardo Young entre 1987 e 1991.

Durante essa mesma década, houve uma explosão de marcas de escolas de inglês no país. Além de CCAA e Yázigi, entraram para o sistema de franquias as marcas CNA, Skill e Wizard. Com a popularização dos computadores, também surgiu a primeira franquia de cursos de informática no Brasil: a SOS Computadores.

Em 1988, entrou em vigor a nova Constituição Federal, trazendo o país para a democracia. Já durante o início dos anos 1990, apesar de as medidas do Presidente Fernando Collor de Mello impactarem o bolso de toda a população com o confisco das poupanças, o setor de franquias crescia a cada ano. Já eram centenas de franqueadores. Nesse cenário, foi desenvolvido o sistema de franquias da empresa Microlins, marca que começou na cidade de Lins, no interior de São Paulo, e se espalhou pelo país. Datam também do início dos anos 1990 os sistemas de franquia das marcas China in Box e Multicoisas – atualmente com mais de 150 operações (ABF, 2017).

Em 1992, aconteceu no Anhembi, na cidade de São Paulo, a ABF Franchising Show 92, com a participação de mais de 70 marcas. Foi também nessa época que surgiu o *Guia Oficial de Franquias ABF*. A publicação ajuda potenciais franqueados a conhecer e selecionar as marcas que apresentam mais aderência ao perfil do interessado.

No primeiro mandato do Presidente Fernando Henrique Cardoso, foi criado um instrumento que mudaria para sempre a história do setor de franquias: a Lei Federal n. 8.955, de 15 de dezembro de 1994, conhecida como *Lei das Franquias* (Brasil, 1994). Por meio dela, o setor conseguiu – e até hoje consegue – garantir maior transparência para a relação entre franqueados e franqueadores (ABF, 2017).

Com o sucesso do Plano Real – representado pelo fim da inflação galopante que marcou o final dos anos 1980 e o início dos anos 1990 –, o poder de consumo da população começou a crescer. Mirando na expansão dos *shopping centers*, ganharam terreno outras marcas, como a Hering e a Divino Fogão. Em 1997, a ABF Franchising Show teve 35 mil visitantes.

Com o advento dos anos 2000, a internet começou a se popularizar no país. Nessa época, já se ouvia falar na Amazon. Era o início de uma enorme transformação em todo o varejo mundial.

Em paralelo a isso, o setor de franquias se consolidava. Bancos lançaram linhas de crédito para financiar a operação de franqueados de determinadas marcas.

Em 2006, o setor de franquias no Brasil já gerava mais de R$ 25 milhões de faturamento. A velocidade de crescimento do setor seria ainda maior. Entrava em operação uma das marcas mais tradicionais do Brasil: Havaianas (ABF, 2017).

Em 2011, a ABF criou seu Código de Ética, objetivando fornecer orientações para a atuação dos agentes desse mercado. No ano de 2012, o Brasil já somava mais de 2 mil redes de franquias e mais de 100 mil unidades franqueadas (ABF, 2017).

Em 2014, a instituição realizou seu primeiro Congresso Internacional de Franquias. Simultaneamente, surgia em 2013 a primeira proposta de sistema de franquias de uma padaria *delivery*: a Pão to Go.

A seguir, acompanhe como os modelos de sistemas de franquias evoluíram ao longo dos anos (Mauro, 2006):

» **1º geração**: sistemas de franquias incipientes ou falsas franquias.
» **2ª geração**: terceirização das vendas, mas com pouco suporte.
» **3ª geração**: sistema de vendas de produtos e serviços com suporte adequado.
» **4ª geração**: sistemas de franquias como rede de inteligência de mercado.

Entre os anos de 2013 e 2019, observou-se um crescimento constante do setor de franquias.

O Gráfico 1.1, a seguir, retrata a evolução das redes de franquias no Brasil.

Gráfico 1.1 – Evolução do número de redes de franquias no Brasil

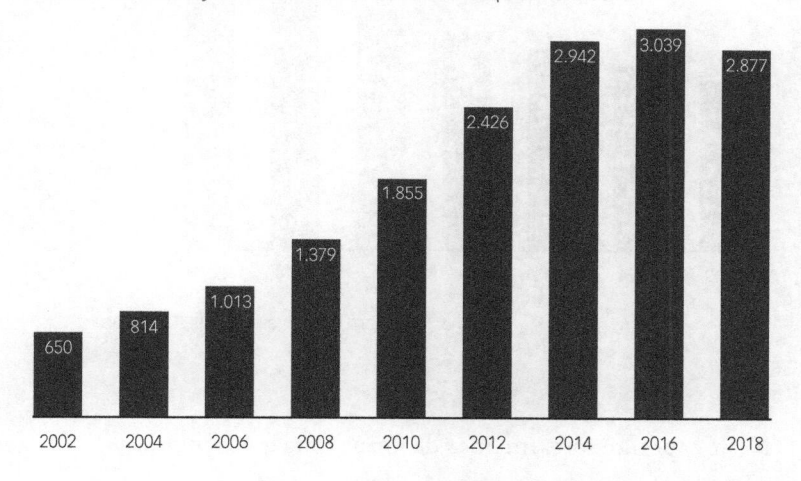

Ano	Número
2002	650
2004	814
2006	1.013
2008	1.379
2010	1.855
2012	2.426
2014	2.942
2016	3.039
2018	2.877

Fonte: Elaborado com base em ABF, 2020; Ribeiro et al., 2013.

Já o Gráfico 1.2 apresenta o crescimento do número de unidades franqueadas no Brasil entre os anos de 2015 e 2019.

Gráfico 1.2 – Evolução do número de unidades franqueadas no Brasil

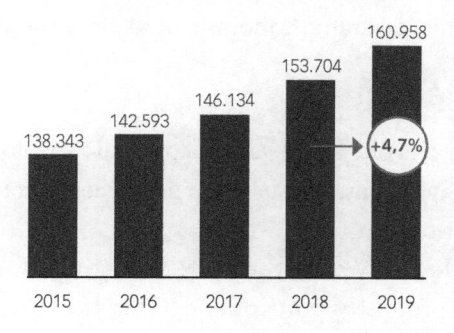

Ano	Número
2015	138.343
2016	142.593
2017	146.134
2018	153.704
2019	160.958 (+4,7%)

Fonte: ABF, 2020, p. 4.

Por fim, o Gráfico 1.3 mostra a evolução consistente do faturamento do setor de franquias no Brasil em bilhões de reais.

Gráfico 1.3 – Evolução do faturamento do setor de franquias no Brasil – valores em bilhões de R$

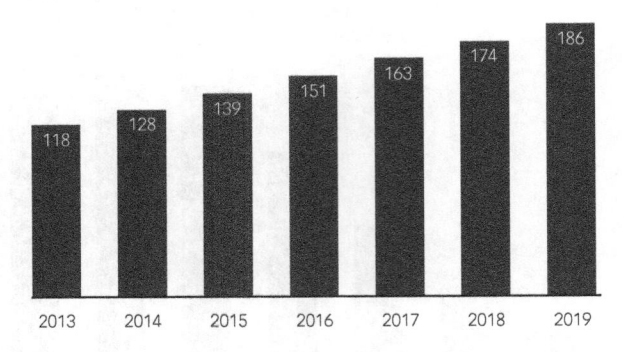

Ano	Faturamento
2013	118
2014	128
2015	139
2016	151
2017	163
2018	174
2019	186

Fonte: Elaborado com base em ABF, 2018; 2020.

Síntese

Neste capítulo, apresentamos de forma clara que o *franchising* não surgiu como uma invenção desconectada, e sim como consequência de um processo de evolução e de sofisticação do varejo. Essa evolução teve início fora do Brasil. Anos depois, chegou ao país, transformando-se em um dos mercados mais promissores para esse tipo de sistema – atualmente, corresponde a mais de R$ 180 bilhões em faturamento e conta com milhares de marcas franqueadoras e unidades franqueadas.

Questões para revisão

1) Como se deu a evolução do varejo a partir do século XV?
2) Como e em que contexto surgiram as primeiras formas de franquia no Brasil?
3) Considerando os níveis de canais de marketing e vendas ao consumidor propostos por Kotler e Keller (2012), indique

a alternativa que apresenta corretamente os elementos que constam no nível 3:

- a) Fabricante, atacadista e consumidor.
- b) Fabricante, atacadista, atacadista especializado e consumidor.
- c) Fabricante e consumidor, apenas.
- d) Fabricante, atacadista, atacadista especializado, varejista e consumidor.

4) Congrega lojas de pequeno porte e estabelecimentos de alimentação, lazer e entretenimento. De acordo com Santos (2019), a qual categoria de *shopping center* essa característica se refere?

- a) *Shopping* de vizinhança.
- b) *Shopping* regional.
- c) *Mall.*
- d) *Power center.*

5) Relacione corretamente cada modelo de sistemas de franquias à respectiva descrição, de acordo com Mauro (2006):

- I) 1ª geração
- II) 2ª geração
- III) 3ª geração
- IV) 4ª geração

( ) Terceirização das vendas, mas com pouco suporte.
( ) Sistemas de franquias como rede de inteligência de mercado.
( ) Sistemas de franquias incipientes ou falsas franquias.
( ) Sistema de vendas de produtos e serviços com suporte adequado.

A seguir, indique a alternativa que apresenta a sequência obtida:

a) II, IV, I, III.
b) III, I, IV, II.
c) II, III, I, IV.
d) IV, III, I, II.

Questões para reflexão

1) Em sua percepção, o que fez com que as franquias alcançassem a atual dimensão de faturamento no Brasil?
2) Será que o setor de franquias crescerá ainda mais ou já chegou ao seu máximo?

capítulo 2

O *franchising* na atualidade

Conteúdos do capítulo:

- » Conceito atual de *franchising*.
- » Classificação das franquias.
- » Diferença entre licenciamento e *franchising*.
- » Inovação no mercado de franquias no Brasil.

> Após o estudo deste capítulo, você será capaz de:

1. distinguir quando um canal de distribuição é de fato um sistema de *franchising*;
2. diferenciar licenciamento de *franchising*;
3. reconhecer os diversos formatos de *franchising*;
4. reconhecer o caminho de inovação de algumas franquias brasileiras.

2.1 Conceito contemporâneo de *franchising*

O crescimento do *franchising* brasileiro é gradual e contínuo, apesar das adversidades do cenário econômico. Segundo dados da Associação Brasileira de Franchising (ABF), em 2018 as franquias no Brasil faturaram R$ 174,8 bilhões, registrando crescimento de 7% em relação ao ano anterior. Havia 2.877 marcas em operação no país – incremento de 1,1% em relação ao ano anterior –, que geraram 1.299.145 empregos diretos. O total de unidades cresceu 5,2%, chegando a 153.704 em atividade. A taxa de mortalidade baixou de 5% no ano anterior para 3,9% (ABF, 2021a).

Os negócios classificados como microfranquias registraram crescimento de 8%, somando 589 marcas. Destacou-se o segmento Saúde, Beleza e Bem-Estar, seguido por Comunicação, Informática e Eletrônicos e Serviços Educacionais. A taxa de mortalidade foi de 5,7% contra 7,2% no ano anterior (ABF, 2021a).

Todos os segmentos apresentaram desempenho positivo. O que mais cresceu foi Entretenimento e Lazer, com variação de 12,7% em comparação com o ano anterior. Em segundo, destacou-se o segmento Hotelaria e Turismo, com 12,3%. Serviços e Outros Negócios ficou na terceira posição, com variação positiva de 8,7%. O quarto lugar foi ocupado por Casa e Construção, com alta de 8,6%, e o quinto por Comunicação, Informática e Eletrônicos, com 7,5% (ABF, 2021a).

A Tabela 2.1 detalha como se deu o crescimento do setor de franquias em cada um dos principais segmentos, tanto em faturamento quanto em número de unidades franqueadas.

Tabela 2.1 – Desempenho de cada segmento do *franchising* brasileiro – 2018

Em R$ bilhões				IPCA 12 MESES: 13,75%
Segmento	1TRI 2017 ao 4TRI 2017	1TRI 2018 ao 4TRI 2018	%VAR Faturamento	% VAR Unidades
Alimentação	42.816	45.827	7,0%	5,9%
Casa e Construção	9.228	10.020	8,6%	5,8%
Comunicação, Informática e Eletrônicos	5.103	5.485	7,5%	4,1%
Entretenimento e Lazer	2.162	2.437	12,7%	6,9%
Hotelaria e Turismo	11.251	12.632	12,3%	8,1%
Limpeza e Conservação	1.354	1.386	2,4%	5,2%
Moda	21.868	22.931	4,9%	7,6%
Saúde, Beleza e Bem-Estar	30.021	31.907	6,3%	5,4%
Serviços automotivos	5.756	5.894	2,4%	0,6%
Serviços e Outros Negócios	22.921	24.924	8,7%	2,7%
Serviços Educacionais	10.839	11.400	5,2%	6,5%
Total	163.319	174.843	7,1%	5,2%

Fonte: ABF, 2021a.

Em 2019, o sistema de franquias respondeu por 2,6% do Produto Interno Bruto (PIB) nacional, com 160.553 unidades em operação. Cada franquia aberta gerou em média oito empregos. Foram 1.343.000 pessoas diretamente empregadas. O ano se encerrou com crescimento de 5% no número de unidades franqueadas e empregos gerados. O volume de redes em operação apresentou crescimento de 1% em relação ao ano anterior (ABF, 2021b).

O *franchising* é uma estratégia de negócios baseada em parceria e cooperação contínuas para multiplicar canais de distribuição de produtos e serviços de determinada marca, gerando direitos autorais (*royalties*) ao franqueador e renda para o franqueado.

O franqueador idealiza, formata, desenvolve a tecnologia e concede a franquia do negócio ao franqueado, que adere à rede. Ainda, o franqueador fornece orientação e suporte continuamente. O franqueado, por sua vez, investe recursos próprios em sua unidade, operada com a marca do franqueador de acordo com o padrão de tecnologia e sob supervisão.

São características das empresas de sucesso no *franchising*:

» marcas fortes;
» produtos e serviços conectados aos anseios do mercado consumidor;
» tecnologia padronizada de instalação, operação e comercialização eficaz no varejo transferida em pouco tempo, com treinamento e supervisão;
» pontos para comercialização padronizados e instalados em espaços adequados;
» investimentos para instalação e operação compatíveis com a expectativa de rentabilidade;
» valorização da percepção que o cliente tem e leva dos produtos adquiridos e dos serviços prestados, priorizando-se a satisfação do consumidor.

Essas características devem ser observadas na escolha de qualquer franquia.

2.2 Estratégias de canais de vendas contemporâneos

A chegada de produtos fabricados nos mais diversos lugares do mundo às casas das pessoas é uma verdadeira mágica feita por milhões de agentes que organizam um sistema mundial de produtos e serviços como nunca visto em toda a história da humanidade. A evolução dos canais de vendas e distribuição tem acontecido a cada ano.

Agora que você já sabe o que é um sistema de franquias, qual é sua relevância para a economia de nosso país e como ele tem prosperado, é importante compreender que esse modelo de negócios é uma das opções que uma empresa tem para expandir seu faturamento.

Em muitos casos, o sistema de franquias não é o único canal de distribuição utilizado pela empresa, mas um deles. Segundo Rosenbloom (2009, p. 385), vários fluxos passam por esse canal. Para ele, os principais são:

» fluxo de produtos;
» fluxo financeiro;
» fluxo de propriedade;
» fluxo de informação;
» fluxo de promoção.

Uma empresa pode vender seus produtos e serviços de várias maneiras. Para cada tipo de produto existe um tipo de canal mais ou menos adequado para venda e distribuição.

De acordo com o consultor Marcelo Cherto, uma boa estratégia de canais deve equilibrar três variáveis (Cherto et al., 2006):

1. cobertura de mercado;
2. controle sobre a forma de atuação de cada integrante do canal;
3. custo de implantar, servir e monitorar o canal.

Para acessar o mercado de maneira estruturada, a empresa pode se utilizar de canais diretos – mediante a oferta de seus produtos e serviços diretamente aos clientes finais – ou indiretos – por meio de outras empresas. A escolha do tipo de canal de distribuição deve considerar o tipo de produto ou serviço, conforme as características específicas de cada negócio. Construir essa capilaridade para vender mais e melhor é um desafio.

Para facilitar o entendimento do tema, vamos utilizar o exemplo de uma indústria de sorvetes. Ela precisa fazer a venda e a distribuição de sua produção de sorvetes. Vamos listar várias alternativas de canais de venda e distribuição e detalhar as características dessa indústria.

Representantes comerciais dos fabricantes

Eles podem compor o nível 01 do canal de vendas e distribuição. Representam o fabricante sem ter de comprar seus produtos para revendê-los. Além disso, geralmente não representam apenas uma fábrica de sorvetes, mas várias. O representante comercial normalmente não faz a entrega, mas monitora o atendimento do pedido. Apesar de não ser subordinado à empresa como empregado, deve respeitar as políticas comerciais por ela estabelecidas.

Distribuidores atacadistas

Os distribuidores atacadistas podem ser considerados partes dos níveis 01 ou 02 de um canal de vendas e distribuição. Eles geralmente fazem a compra de uma grande quantidade de produtos do fabricante e correm o risco da formação de estoque. Têm liberdade para praticar os preços de revenda que quiserem e não devem nenhuma subordinação ao fabricante quanto à maneira como será operada a experiência de compra do produto. O controle do fabricante em relação a esse nível é zero.

Varejistas com lojas físicas

O varejista é o responsável por entregar o produto a quem realmente vai consumi-lo. Esse membro do canal pode estar no nível 01 – quando compra direto do fabricante –, no nível 02 – quando compra de um atacadista que compra do fabricante – ou no nível 03 – quando compra de um atacadista que compra de um representante comercial que representa o fabricante. Existem vários tipos de varejo que podem ser utilizados pelos fabricantes de sorvetes, tais como (Parente, 2007):

» sorveterias;
» restaurantes;
» supermercados;
» farmácias;
» vendedores ambulantes de sorvete;
» lojas de conveniência;
» redes de franquias que homologam o produto;
» rede de varejo própria;
» rede de franquias.

Varejistas de comércio eletrônico e *marketplaces* (varejo virtual)

É cada vez mais comum que fabricantes vendam produtos por meio de varejistas de comércio eletrônico, como Amazon, Americanas.com e Magazine Luiza. Quando pensamos em uma fábrica de sorvete, é possível que esse não seja o melhor canal, principalmente quando se trata de varejo – certamente não é o canal adequado. Contudo, várias outras indústrias cujos produtos são menos perecíveis têm utilizado esse caminho de vendas.

Diferenças entre venda por lojas multimarcas e redes de franquias

Há uma diferença muito importante entre todos os tipos de varejo recém-listados e uma distribuição feita por uma rede de varejo em formato de sistema de franquias, constituída pelo próprio fabricante de sorvetes. Em todos os demais casos, o fabricante não tem poder de controle sobre a experiência de compra dos varejistas, apesar de, em muitas situações, ele tentar influenciar essa experiência com a entrega de material promocional personalizado e políticas de preço sugerido ao cliente final (Parente, 2007).

Quando a indústria decide montar a própria rede de lojas varejistas, ela elimina vários intermediários nesse canal (representante, atacadista, varejista multimarca), podendo ela mesma ter todo o controle da operação de experiência de venda e até de consumo do cliente, além de ficar com a margem de lucro que seria distribuída. Entretanto, em vários casos, há necessidade de investimento muito alto para que essa indústria consiga criar uma quantidade de lojas suficiente para escoar sua grande produção.

Quando o fabricante constrói o canal de distribuição por meio de um sistema de franquias, ele não vende apenas o produto, mas toda a padronização da experiência de aquisição e consumo. No entanto, todo o investimento na infraestrutura do negócio é feito pelo franqueado. Além disso, quando a indústria faz a venda desse produto ao franqueado, o risco desse estoque deixa de ser do fabricante e passa para o franqueado. Em alguns casos, a indústria não precisa optar por um caminho ou outro. Pode usar vários canais de distribuição para escoar sua produção. É o caso da Hering. Ela vende tanto por meio de lojas multimarcas quanto por intermédio de lojas próprias – e ainda possui sua rede de franquias!

Vending machines

A *vending machine* é uma máquina de entrega de produtos com uma simples operação automática de autosserviço, localizada em pontos estratégicos com alto fluxo de pessoas, como *shopping centers*, estações de metrô, rodoviárias, aeroportos, hospitais, clubes, centros comerciais e instituições de ensino. É mais utilizada para vender alimentos – café, chocolates, biscoitos, bebidas, lanches –, mas também vende outros produtos, como flores, brinquedos, guarda-chuvas, cosméticos, livros, revistas, jornais e até cabines para dormir em aeroportos.

Muito comum nos Estados Unidos desde a década de 1970, popularizou-se no Brasil após o Plano Real, com a valorização da moeda nacional. Sua característica principal é a praticidade. Tem um *design* futurista e compacto e está entre os mais simples e baratos modelos de *franchising*.

No Brasil, a Red Machine é um exemplo de empresa que trabalha com máquinas de venda automática no modelo de franquia. Os produtos comercializados são pipoca e *pizza* – ambas feitas na hora da compra. O operador adquire as máquinas e os produtos da franqueadora, ficando responsável pela reposição dos suprimentos, bem como pela manutenção e pela gestão financeira. O equipamento emite relatórios das vendas. A empresa optou pelo modelo de negócio de franquia para expandir-se no Brasil. O franqueado mantém custos fixos baixos. A máquina vende, cobra e faz a *pizza* ou a pipoca de forma ágil e fácil (Oliveira, 2019).

Outros exemplos de franquias de *vending machines* são a Mr. Kids – que vende brinquedos em aeroportos e supermercados –, a Caiu do Céu – que comercializa guarda-chuvas –, a The Hot Machine – que trabalha com bebidas quentes – e a Siesta Box – que vende cabines de cochilos em aeroportos.

2.2.1
O poder dos membros do canal

O canal de distribuição é a rota seguida por um produto à medida que ele se movimenta do produtor para os consumidores finais. Nesse processo, ocorrem várias transações. Intermediários são responsáveis pela movimentação dos produtos (Rosenbloom, 2009).

As decisões sobre a distribuição devem ser tomadas conforme os objetivos mercadológicos de uma empresa e as estratégias adotadas. A maioria das decisões é tomada pelos produtores dos bens, orientados por três critérios globais: cobertura de mercado, controle e custos.

A distribuição pode ser intensiva, seletiva ou exclusiva. Na **intensiva**, cada estabelecimento disponível no mercado possui estoque dos produtos procurados pelos consumidores. Esse tipo de distribuição é necessário para a maioria dos bens de conveniência. Na **seletiva**, é utilizado um conjunto limitado de estabelecimentos em dado território. Geralmente, esse tipo de distribuição é adotado para os bens de escolha e de especialidade. São produtos identificados por forte consciência de marca e fidelidade por parte do consumidor. Por fim, na **exclusiva** há um único intermediário para um dado território, o que possibilita aos produtores o máximo de controle sobre um mercado. Esse tipo de distribuição garante ao intermediário todas as vendas no território (Rosenbloom, 2009).

Na seleção dos intermediários para o canal de distribuição, o critério mais importante é o grau de acesso ao mercado desejado.

Com uma boa gerência de canal, o produto movimenta-se suavemente durante a distribuição. O canal deve proporcionar utilidade de tempo e lugar e, para haver uma boa vantagem competitiva, é importante que seja cooperativo (Rosenbloom, 2009).

Essa cooperação é obtida por meio do exercício do poder no canal e/ou pelo desenvolvimento de sistemas mercadológicos verticais. Em muitas situações, existe um "capitão de canal" – integrante que tende a exercer a maior influência sobre os demais para evitar ou solucionar conflitos. Ele tem alguma vantagem competitiva, como poder financeiro ou uma marca nominal que garanta a demanda do mercado (Rosenbloom, 2009).

Embora o canal seja determinado por quem fabrica o produto, em alguns casos os varejistas têm mais força para determinar o desenho, o preço e as condições de venda dos produtos da maioria dos fabricantes. É possível também que os atacadistas dominem o canal.

Cabe lembrar que o negócio, o marketing e o canal de distribuição são sistemas (Rosenbloom, 2009). Assim, o serviço de distribuição física deve levar em conta os seguintes elementos:

» disponibilidade dos produtos;
» exatidão no atendimento dos pedidos;
» segurança;
» agilidade;
» confiabilidade.

2.2.2
Conflitos de canal

O *franchising* consiste em uma relação comercial de interdependência entre franqueadora e franqueados em longo prazo. Comunicação eficaz, confiança, ética, respeito, transparência, reconhecimento, profissionalismo, empatia e compreensão constituem a base desse relacionamento (Ribeiro et al., 2013).

No entanto, a forma de encarar a operação é diferente entre as partes. O franqueador é detentor de uma marca e de um modelo de negócio bem-sucedidos, que deseja expandir investindo capital e agregando terceiros competentes ao empreendimento. Logo, precisa manter um padrão uniforme de operação na rede por meio de regras, o que é fundamental para preservar o valor de mercado da franquia. O franqueado, por sua vez, é um empreendedor que se alia a uma marca para reduzir riscos e ampliar o potencial de retorno para seu investimento. No afã de aumentar sua lucratividade, depois de adquirir o domínio sobre a operação, ele pode questionar as regras e as limitações impostas pelo franqueador e tentar implantar novas ideias, adotando uma postura crítica e até mesmo rebelde (Ribeiro et al., 2013).

No sistema de *franchising*, forma-se uma parceria de negócio fundada em contrato, manuais, objetivos comuns e lealdade. O franqueador tem no franqueado um parceiro investidor, que deseja ter o próprio negócio, mas aceita ser controlado, dirigido e orientado para ser recompensado financeiramente (Cherto et al., 2006).

Sob essa ótica, o desafio é manter a cooperação de forma produtiva e lucrativa para a rede por meio de um modelo de negócio bem estruturado, capaz de atender às necessidades dos clientes. A transparência, a franqueza e a responsabilidade são fundamentais no relacionamento.

Segundo Douglas Yarn (1999, p. 113, tradução nossa), define-se *conflito* como "um processo ou estado em que duas ou mais pessoas divergem em razão de metas, interesses ou objetivos individuais percebidos como mutuamente incompatíveis". Em um **processo destrutivo**, o conflito se caracteriza pelo enfraquecimento ou rompimento da relação social preexistente à disputa em virtude da forma como esta é conduzida – pode, portanto, exacerbar-se. Já um **processo construtivo** resulta no fortalecimento da relação social preexistente à disputa. Se for conduzido com uma técnica adequada, esse conflito se tornará uma oportunidade de conhecimento, amadurecimento e aproximação das partes.

Se não for gerido, o conflito poderá entrar em uma espiral em que cada reação se mostrará mais severa do que a ação que a precedeu, instaurando um novo ponto de disputa, com retaliações de parte a parte, até o rompimento.

Como em todo sistema vertical de marketing, no *franchising*, quanto mais negociação e equilíbrio de poder entre franqueador e franqueados, mais cooperação e menos conflito.

O franqueado geralmente anseia por mais independência em relação ao franqueador. Frequentemente, incorre em um ou mais dos seguintes comportamentos (Cherto et al., 2006):

» deixa de manter os padrões exigidos;
» atrasa ou não envia informações ao franqueador;
» atrasa ou não efetua os pagamentos;
» não investe em publicidade local;
» vende produtos e/ou serviços não previstos em contrato;
» ausenta-se da loja.

O franqueador geralmente tende a controlar excessivamente o franqueado. Frequentemente, incorre em um ou mais dos seguintes comportamentos:

» invade o território do franqueado, abrindo unidades concorrentes próximas;
» desrespeita o direito de preferência do franqueado mais antigo no processo de expansão;
» falha na entrega, na supervisão e/ou no suporte;
» negligencia a competitividade em relação à concorrência.

Se a coerção por parte do franqueador for demasiadamente impositiva, o franqueado poderá buscar outras formas de gestão para seu negócio, vender a franquia ou rescindir o contrato. Cabe ao franqueador agir para solucionar o conflito, buscando informações, conversando com o franqueado, analisando alternativas e restabelecendo a confiança.

A moderna técnica de resolução de conflitos sugere uma postura integrativa com base nas seguintes ações (Ury, 2007):

» identificar interesses e sentimentos;
» compreender os interesses dos conflitantes para abrir opções e escolher uma solução justa, que gere ganhos recíprocos;
» separar as pessoas do problema;
» concentrar-se nos interesses, e não em posições;
» utilizar critérios objetivos;
» reduzir a pressão.

Podem ser utilizados recursos como ouvidoria e mediação, que permitem às pessoas se manifestarem sobre seus problemas com liberdade e favorecem o diálogo e a negociação. A mediação restaura o senso de valor e poder das partes, que se tornam aptas a melhor resolverem conflitos futuros (Ribeiro et al., 2013).

As situações mais comuns de conflitos entre membros do canal de distribuição ocorrem por conta de questões relativas à remuneração, aos objetivos pretendidos e ao desequilíbrio de poder.

Ocorre **conflito vertical** entre membros do canal de diferentes níveis – produtor e atacadista ou varejista ou entre este e o atacadista; ocorre **conflito horizontal** quando os membros do canal se encontram no mesmo nível – dois atacadistas ou dois varejistas, por exemplo. Também pode acontecer entre intermediários do mesmo tipo – como dois supermercados – ou de diferentes tipos – uma loja de departamento contra uma loja de descontos (Schewe; Smith, 1982).

Na obra *Guia do franqueador*, Paulo César Mauro (2006) elenca os principais tipos de conflitos em canais de distribuição e sugere alternativas de resolução.

Quadro 2.1 – Principais tipos de conflitos em canais de distribuição e alternativas de resolução

Relacionamento positivo	Pelo fabricante	Pelo intermediário
Zona 1: Normal	» Venda direta/ocasional » Venda direta/grandes clientes, mas conversa com intermediário » Usa múltiplos canais	» Ocasionalmente usa marca própria, mas oferece antes uma opção ao fornecedor » Vende linhas concorrentes, mas não enfatiza isso no dia a dia
Zona 2: Conflito	» Abandona suporte em vendas » Corta margens » Adiciona canais ciente de que não vai gerar conflitos » Faz mais negócios diretamente com os clientes	» Corte nos estoques » Adiciona linhas diretamente concorrentes
Zona 3: Guerra fria	» Não conversa » Não retorna telefonemas » Tenta renegociar contrato unilateralmente » Fala mal do intermediário aos clientes » Procura aproximação com o maior concorrente do intermediário na praça	» Solicita marca própria » Encarrega clientes a mudar para produto do concorrente » Não deixa representantes de fábrica falar com vendedores » Solicita excessiva quantidade de amostras, catálogos etc.
Zona 4: Guerra declarada	» Retira ou limita exclusividade » Campanha para cansar intermediário, demorando na entrega, exigindo crédito adicional etc.	» Liquida preços e procura alternativas
Zona 5: Fim da guerra	» Fim da relação » Ação contra intermediário	» Campanha negativa contra produto do ex-fornecedor » Recusa no pós-venda » Ação para rescisão litigiosa
Relacionamento negativo		

Fonte: Mauro, 2006, p. 75.

2.2.2.1 Prevenção de conflitos

A prevenção de conflitos requer acordos justos bem estabelecidos e bom relacionamento entre as partes. Assim, uma análise dos erros mais comuns pode prevenir os problemas.

A seleção do franqueado deve ser criteriosa para evitar decepções. Uma boa medida é tomar como parâmetro o perfil dos franqueados bem-sucedidos. Outra possibilidade é estabelecer um período de experiência para fazer uma avaliação mais realista.

Sinceridade é fundamental no processo de atração de interessados. Logo, o franqueador não deve vender ilusões. Além disso, todos os franqueados merecem igual tratamento, reconhecimento e motivação.

A aprovação do ponto comercial requer toda a atenção por parte do franqueador e não pode ser negligenciada. Podem ser adotadas como referência as características das lojas que apresentam melhor desempenho comercial.

Um ponto crítico costuma ser o processo de expansão das lojas com vistas à cobertura do mercado, que é a própria essência do *franchising*. Convém que o franqueador planeje esse processo com cautela, de modo a evitar uma competição entre seus franqueados. O geomarketing pode ser útil.

Outro ponto crítico se refere ao uso de canais de distribuição concorrentes de forma prejudicial para o franqueado. O franqueador deve diferenciar as marcas e os produtos para cada tipo de canal. Além disso, é importante adotar um sistema integrado de canais com a rede da franquia, seja por meio da remuneração dos franqueados pelas vendas para consumidores nos respectivos territórios, seja por meio do envolvimento desses parceiros na entrega dos produtos.

Merecem atenção imediata os seguintes problemas:

» reclamações frequentes por parte de consumidores;
» condições de higiene, limpeza e atendimento fora dos padrões;

- » produtos não autorizados e propagandas não aprovadas;
- » equipe insuficiente;
- » redução drástica dos valores, atraso ou falta de pagamento dos *royalties*;
- » cancelamento do seguro de franqueado;
- » uso inadequado da marca;
- » ruídos na comunicação entre franqueador e franqueado.

Problemas aparentemente incontornáveis podem ser resolvidos por meio de um processo intensivo de solução. Conforme o caso, o franqueador pode lançar uso de recursos como notificações, reuniões, auditoria, retreinamento, oferta de consultoria, visitas de inspeção e supervisão.

O melhor é oferecer ajuda ao outro, o que demanda coragem, visão, empatia, paciência e persistência. A postura de flexibilidade para admitir equívocos e problemas é desejável, assim como a coragem para promover mudanças. Na busca pelo entendimento, é importante que a escuta seja ativa e a linguagem seja sempre assertiva.

"O importante no momento é agir com respeito, sejam quais forem os seus sentimentos", afirma o negociador e mediador de renome internacional William Ury (2007, p. 74). O respeito é a concessão menos onerosa a fazer ao outro. Custa pouco, rende muito, é certo e eficaz.

Além de estabelecer uma conexão de curto prazo, o respeito pode ajudar a construir o relacionamento de longo prazo. Será mais fácil conseguir que o outro preste atenção em você e o ouça se, primeiro, você prestar atenção nele e o ouvir. Resumindo, será mais fácil conseguir que o outro respeite você e seus interesses se você mostrar respeito por ele e pelos interesses dele. Como alerta Ury (2007, p. 75), "Quanto mais potente o 'não' que você pretende dizer, mais respeito você terá que mostrar".

De nada adianta um acordo precário e insatisfatório, que evita a abordagem das verdadeiras questões subjacentes ou relevadas. Nesse sentido, Ury (2007) sugere fazer uma proposta positiva – uma solução prática, específica, realista e construtiva, que tem o mérito de demonstrar respeito pelo outro e por suas necessidades.

Portanto, é preciso dirigir claramente o foco para a ação positiva que você deseja do outro – aquilo que você gostaria que o outro fizesse, e não quem você gostaria que ele fosse. Quanto mais você respeitar os interesses legítimos dele, maior será a chance de ele respeitar os seus. Vale expressar sua confiança na possibilidade de um bom acordo e na continuidade do relacionamento comercial. Um acordo proveitoso satisfaz seus interesses e atende aos do outro – ainda que seja uma separação amigável.

Onde houver conflito, pratique a cooperação. Onde houver confronto, pratique a negociação. Onde houver resistência, pratique o diálogo. Onde houver monotonia, pratique a criatividade. Onde houver marasmo, pratique o dinamismo. Onde houver ganância, pratique ajuda. Onde houver medo, pratique a esperança. Onde houver ressentimento, pratique o perdão. Onde houver competição, pratique o compartilhamento.

2.3 Classificação das franquias

Durante o processo de consultoria, é muito comum empreendedores questionarem qual é o modelo correto de uma rede de franquias. A resposta é: depende! Existem várias maneiras de se constituir um sistema de franquias. Cada tipo de sistema tem características próprias. Muitas vezes, pode ser a combinação de dois modelos existentes.

Por esse motivo, é importante compreender os tipos de classificação existentes no sistema de franquias. A seguir, no Quadro 2.2, elencamos alguns deles.

Quadro 2.2 – Classificação dos sistemas de franquias

Segmentos	Opções
Pelo tipo de participação do canal	» distribuição de produtos
	» prestação de serviços
	» social
	» pública
Pelo tipo de negócio	» serviços:
	» pessoas jurídicas
	» pessoas físicas
	» de alimentação
	» varejo
	» indústria
De acordo com o tipo de ponto comercial	» individual
	» combinada
	» de conversão
	» *shop in shop*
	» de miniunidades
De acordo com a natureza dos serviços prestados pelo franqueador à rede franqueada	» de 1ª geração
	» de 2ª geração
	» de 3ª geração
	» de 4ª geração
	» de 5ª geração
De acordo com o processo de expansão da rede	» unitária
	» múltipla
	» regional
	» desenvolvimento de área
	» máster
De acordo com o tipo de remuneração recebida pelo franqueador	» de distribuição
	» pura
	» mista

Fonte: Mauro, 2006, p. 114.

Na sequência, vamos apresentar cada um desses tipos de classificação, bem como suas diferentes opções.

Classificação pela participação no canal

» Distribuidor de produtos
O objetivo dessa estrutura é ter franqueados que se responsabilizem pela distribuição de produtos para revenda. Geralmente, aplica-se a produtos que, na realidade, são componentes de um produto final ou para atender a varejistas genéricos de determinada unidade. Podem existir, por exemplo, distribuidores franqueados de determinadas marcas de cervejas que não necessariamente possuam um estabelecimento para consumo (Mauro, 2006).

» Prestador de serviços
Cada vez mais comum, esse modelo tem viabilizado a expansão de uma série de novos serviços para várias cidades brasileiras. Uma empresa que desenvolve uma metodologia para prestação de serviços de massagens, consertos de celulares, anúncios publicitários ou até aulas personalizadas pode repassar toda essa metodologia para franqueados. Em alguns casos, o franqueado presta uma parte do serviço, enquanto a parte mais estratégica é completada pelo franqueador (Mauro, 2006).

» Franquia social
Projetos sociais bem-sucedidos podem ser expandidos por organizações não governamentais (ONGs), vendendo-se todo o *know-how* do projeto implantado, tendo em vista erros e acertos na implantação, para que se possa atender a outras pessoas em outras localidades, sem fins lucrativos (Cherto et al., 2006).

Se bem estruturado e implementado, empregando-se as mesmas técnicas e ferramentas da franquia comercial, esse modelo pode produzir benefícios e resultados positivos, gerando lucros sociais.

» Franquia pública

A estratégia de franquia pode ser adotada por empresas públicas e estatais, sociedades de economia mista e entidades controladas direta ou indiretamente pela União, por estados, pelo Distrito Federal e por municípios para a expansão de suas atividades (Mauro, 2006).

Classificação por tipo de negócio

Além da franquia de prestação de serviços, já citada, e das franquias comerciais (que revendem produtos), é possível criar uma franquia de unidades industriais, transferindo-se toda a metodologia de produção para o franqueado. Pode-se fazer isso, por exemplo, com marcas de refrigerante, passando a fórmula e a produção, para que industriais franqueados possam explorar a fabricação e a distribuição (Mauro, 2006).

Classificação pelo tipo de ponto comercial

Essa classificação considera como estão configurados os pontos comerciais do franqueado.

» Franquia individual

Determinado ponto comercial é utilizado exclusivamente para a unidade franqueada. Esse é o modelo mais visto e percebido pelo público em geral.

» Franquia combinada

O mesmo ponto comercial tem duas unidades franqueadas de marcas diferentes. Geralmente, elas se complementam, nunca concorrem. Uma das vantagens é o rateio dos custos fixos, diminuindo o risco de cada negócio. Além disso, um negócio aproveita o fluxo de clientes do outro. Algumas franquias de hotéis têm combinadas unidades franqueadas de restaurantes, por exemplo (Mauro, 2006).

» Franquias de conversão
Um ponto comercial que já explorava o segmento do negócio converte sua operação para os padrões de uma marca de franquias, tornando-se uma unidade franqueada. Por exemplo: uma sorveteria que poderia tornar-se uma unidade franqueada da marca Chiquinho.

» Franquia *shop in shop*
O ponto comercial pode explorar uma parte de seu espaço para instalar a unidade franqueada de um negócio. Uma loja de departamentos em uma cidade de médio porte pode instalar um quiosque da marca Chilli Beans (óculos e acessórios), por exemplo.

» Franquia de miniunidades – microfranquias
Cada vez mais populares, as franquias de miniunidades são derivações das franquias individuais. O objetivo é diminuir a necessidade de investimento para que o negócio possa funcionar em lugares menores ou com potencial insuficiente para sustentar uma unidade completa. Como exemplo, podemos citar os quiosques das marcas O Boticário e Cacau Show. Outro modelo de miniunidade cada vez mais popular é a *vending machine*.

Alguns pontos comerciais mais comuns para franquias são:
» ruas;
» *shopping centers*;
» terminais de transporte (aeroporto, rodoviária);
» galerias;
» hipermercados.

Classificação pela natureza do serviço prestado pelo franqueador ao franqueado

Essa classificação tem por objetivo esclarecer a evolução do modelo de franquias ao longo da história (Mauro, 2006). Quanto mais integração existe, mais evoluído é o formato.

» Franquia de 1ª geração – incipiente
Podemos considerar que esse é um modelo falso ou incipiente de um sistema de franquia, pois o suporte ao franqueado é praticamente inexistente. Do mesmo modo, o controle do franqueado também é fraquíssimo. Geralmente, não existe padrão na operação nesse formato.

» Franquia de 2ª geração – terceirização de vendas
O franqueador produz e distribui o produto. Existe uma padronização mínima do processo de vendas com pouca padronização na experiência de consumo do cliente. Em alguns casos, empresários usam outros formatos de contrato, criando falsas franquias.

» Franquia de 3ª geração – sistema de bens e serviços padrão
Nesse modelo, o envolvimento do franqueador é mais profissional. Além do produto, há mais cuidado com a padronização. A franquia foi de fato formatada, com manuais de implantação e operação da unidade, treinamento e suporte ao franqueado. Também há maior exigência no processo de seleção do franqueado.

» Franquia de 4ª geração – diferenciais além da estruturação
Nesse nível de franquia, além de todo o processo de formatação já considerado na 3ª geração, a rede apresenta diferenciais mais consistentes, como a reciclagem dos franqueados por meio de treinamentos, reuniões regionais periódicas, sistema padrão de comunicação e apoio à negociação de pontos comerciais. Em alguns casos, já é estruturado um sistema de recompra e revenda de unidades franqueadas.

» Franquia de 5ª geração – rede inteligente
Esse é considerado o mais avançado nível de um sistema de franquia. Além de apresentar todas as características da franquia de 4ª geração, já se caracteriza como uma rede inteligente. Dispõe de um sistema de integração de dados e de comunicação informatizado entre os franqueados e o franqueador. Além disso, o franqueado desempenha um papel mais ativo na contribuição para melhorar a rede como um todo.

Classificação pelo processo de expansão da rede

O nível de controle também é uma maneira de classificar as franquias (Mauro, 2006).

» Franquia unitária
É o nível de controle mais visto. O franqueado tem direito a operar uma unidade franqueada em determinado território com exclusividade e até preferência de expansão. Nesses casos, só se confiam mais unidades ao mesmo franqueado se seu desempenho é satisfatório na primeira unidade franqueada que ele comprou.

» Franquia múltipla ou multifranquia
O franqueado detém duas ou mais franquias de uma mesma marca ou não. Opera e administra múltiplas unidades com exclusividade sobre determinado território. Pode se beneficiar do ganho de escala do empreendimento em virtude da redução de custos decorrente da integração da gestão dos negócios, dos recursos humanos e financeiros.

» Franquia regional
Nesse nível de controle, o franqueador limita uma região ao franqueado, que terá direito a abrir o número de unidades que a região for capaz de receber. A taxa de franquia pode ser cobrada integralmente pela região

ou pode-se cobrar parte do valor pela exclusividade da região e parte do valor em cada unidade aberta. A escolha do franqueado nesse modelo deve ser bem mais criteriosa, visto que um franqueado ruim pode comprometer uma região inteira.

» Desenvolvimento de área
Esse modelo utiliza o franqueado escolhido para duas funções: abrir as próprias unidades e desenvolver a região com a venda e a implantação de unidades para outros franqueados. O franqueado que desenvolve uma área poderá fazer a implantação e o treinamento dos franqueados, mas o contrato dos franqueados novos será direto com o franqueador. Para o desenvolvedor de área, a vantagem é que ele pode ficar com parte das taxas e dos *royalties* das novas unidades. Para o franqueador, a vantagem é que ele tem flexibilidade para trocar franqueados ruins.

» Máster franqueado
Esse é o modelo em que o franqueado tem mais poder. Ele praticamente se torna um franqueador, mas com a marca e o *know-how* de outro franqueador. No território delimitado, ele pode abrir as próprias unidades ou subfranquear. Nesse caso, o contrato de franquia é entre o franqueado e ele. Geralmente, para ter esse amplo direito, o máster franqueado paga uma pomposa quantia. Para o franqueador, a vantagem é antecipar uma renda que demoraria para acontecer ao esperar a implantação de muitas unidades. Além disso, ficam a cargo do máster franqueado os custos de implantação e o risco de não existir mercado suficiente. Em contrapartida, o controle da operação diminui muito, e parte da renda que se poderia obter fica com o máster franqueado.

Classificação pelo tipo de remuneração recebida

Existem duas maneiras de o franqueado remunerar o franqueador: por meio da compra de produtos ou por meio do pagamento de *royalties* (Mauro, 2006). Nessa classificação, consideramos esses critérios da seguinte maneira:

» Franquia de distribuição: a receita do franqueador ocorre apenas com a venda de produtos.
» Franquia pura: o franqueador recebe como receita apenas os *royalties* do franqueado.
» Franquia mista: tanto os *royalties* quanto a venda de produtos pelo franqueado são fontes de receita.

2.4
Microempreendedor Individual (MEI)

Para empreendimentos de baixo faturamento, tanto o franqueador como o franqueado podem constituir pessoa jurídica como Microempreendedor Individual (MEI), desde que a atividade seja permitida para esse regime fiscal. O limite de faturamento anual é de R$ 81.000,00.

Todos os procedimentos de constituição e operação do MEI são feitos gratuitamente no Portal do Empreendedor[1] do governo federal. A formalização consiste em preencher um formulário, que gera um número de Cadastro Nacional de Pessoa Jurídica (CNPJ) e o Certificado da Condição de MEI (CCMEI). Para tanto, o interessado pode escolher uma atividade principal e até 15 secundárias constantes de uma lista de ocupações permitidas. O alvará de funcionamento não tem custo nem burocracia. O MEI também está dispensado de manter escrituração contábil e de fornecer nota fiscal para pessoas físicas.

---

1   Disponível em: <www.portaldoempreendedor.gov.br>. Acesso em: 22 abr. 2021.

Esse tipo de empreendimento é enquadrado no regime fiscal Simples Nacional e está isento de tributos federais (IRPJ, PIS, Cofins, IPI e CSLL). O MEI só paga uma contribuição mensal de valor fixo, que inclui 5% do salário mínimo para o INSS como contribuinte individual para a Previdência Social mais os impostos municipal (ISS) e/ou estadual (ICMS), conforme os ramos de atividade. Os valores da contribuição mensal do MEI em 2019 eram: R$ 50,90 para Comércio e Indústria; R$ 54,90 para Serviços; e R$ 55,90 para Comércio e Serviços. Esses valores são atualizados anualmente com base na variação do salário mínimo.

A guia de recolhimento é o Documento de Arrecadação do Simples Nacional (DAS). O pagamento pode ser feito por débito automático, em meio *on-line* ou via boleto para quitação em agência bancária, lotérica ou caixa eletrônico. Todos os anos, em maio, o MEI deve fazer e enviar a Declaração Anual do Simples Nacional (DASN), informando à Receita Federal o valor total do faturamento anual no exercício anterior.

Quando o faturamento do MEI ultrapassa o limite legal, ele deve fazer o desenquadramento para registrar-se como microempresa.

O MEI pode emitir nota fiscal, vender para o governo e contratar um empregado. Tem acesso a serviços bancários, incluindo linhas de crédito por meio do e-Credmei. Ainda, tem direito a todos os benefícios previdenciários: aposentadoria por idade e invalidez, auxílios doença, maternidade e funeral, além de pensão por morte para a família. Também conta com o apoio técnico do Serviço Brasileiro de Apoio às Micro e Pequenas Empresas (Sebrae), que mantém estruturas exclusivas para atender o MEI.

> **Para saber mais**
>
> SEBRAE – Serviço Brasileiro de Apoio às Micro e Pequenas Empresas. **Central do MEI**. Disponível em: <https://www.sebraepr.com.br/central-do-mei>. Acesso em: 22 abr. 2021.
>
> No portal do Sebrae, estão disponíveis vários conteúdos para MEI, entre os quais se encontram publicações que podem auxiliar essa categoria.

2.5 Licenciamento × *franchising*

Em alguns casos, marcas e indústrias utilizam o licenciamento como um caminho para rentabilizar sua marca por meio da exploração dos direitos de uso por pessoas que tenham interesse em fabricar e distribuir produtos e serviços. Quanto mais famosa e bem posicionada é uma marca no mercado, mais valor ela possui e mais valor pode gerar para quem a utiliza.

O licenciamento é uma modalidade de contrato por meio da qual se cede a terceiros o direito de uso de marca de produto ou serviço ou, ainda, propaganda figurativa. O uso da marca pode estar atrelado a estabelecimentos, propagandas e produtos, gerando remuneração ao licenciante, por meio de *royalties* (Sherman, 2003).

É preciso ressaltar que, nessa modalidade contratual, não se transferem outros direitos: apenas o direito de uso da marca, que só pode ser licenciada se tiver sido regularmente registrada no Instituto Nacional de Propriedade Industrial (Inpi) ou, ao menos, se o pedido de registro já tiver sido realizado nesse órgão público. É importante não admitir o licenciamento de marca sem o pedido de registro da marca no Inpi (Mauro, 2006).

Contudo, o licenciamento da marca por si só não pode ser confundido com a transferência de tecnologia, ou seja, com os conhecimentos secretos de fabricação ou a tecnologia desenvolvida para a prestação de serviços de qualquer espécie.

Quando se trata de um sistema de franquias, o contrato é muito mais complexo. Em um contrato de franquia, não está considerada apenas a cessão do direito de uso da marca, mas também a transferência de tecnologia referente à produção, à comercialização e/ou à distribuição de produtos ou serviços. Só dessa maneira é garantida a correta replicação do negócio da maneira como de fato deve ser operado (Mauro, 2006).

Para que não sejam confundidas as duas modalidades, a Lei de Franquias (Lei Federal n. 13.966, de 26 de dezembro de 2019) esclarece exatamente o que caracteriza um sistema de franquias, a fim de não haver dúvida sobre o que **não** é um sistema de franquias (Brasil, 2019).

Em algumas situações, empreendedores que não estão familiarizados com o sistema de franquias e não estão interessados em fazer uma boa estruturação desse sistema para não precisarem gastar com o processo de formatação acabam optando por um caminho gravemente perigoso: vender uma falsa franquia!

Esse caso acontece quando o empreendedor oferece uma "franquia", mas celebra um contrato de licenciamento. No primeiro momento, o empreendedor pode imaginar que está levando vantagem em optar por essa "maquiagem", já que pode estar recebendo valores similares aos de uma franquia formalmente constituída. No entanto, o impacto negativo começa pela falta de estruturação de processos que uma franquia bem estruturada propõe. Implica, por fim, uma fragilidade jurídica imensa, podendo o empreendedor que assinou o contrato de licenciamento utilizar todo o *know-how* aprendido para montar a própria rede de franquias, sem ter de dar satisfação a quem apenas licenciou uma marca a ele, ou seja, não há proteção da tecnologia repassada.

Em suma, a celebração do contrato de licenciamento de marca é, em princípio, mais simples que o contrato de franquia. Entretanto, essa modalidade contratual jamais protegerá integralmente o *know-how* do empreendedor, que fica restrito à cessão do direito de uso da marca e ao recebimento dos respectivos *royalties*.

O sistema de franquias certamente é mais complexo; contudo, gera maior proteção ao franqueador, bem como ao franqueado. Por consequência, essa maior complexidade permite a previsão de direitos e obrigações a ambas as partes, o que evita o risco de simulações ilícitas. Assim, a formatação correta da rede de franquias, respeitando-se os requisitos legais e comerciais do negócio, com a assessoria de consultores especializados, é a maneira mais segura e correta de obter sucesso nesse mercado.

Segundo Mauro (2006), o licenciamento é recomendado para:

» marcas de produtos que tenham sucesso e que outras indústrias podem explorar;
» marcas de supermercados que podem chancelar indústrias que não tenham marcas fortes, fazendo os produtos de "marca própria" do supermercado;
» times de futebol que queiram licenciar suas marcas para a fabricação de *souvenirs*;
» artistas famosos.

Vale lembrar que, mesmo sendo mais simples, o contrato de licenciamento precisa prever todo o cuidado que o licenciado deve ter com a marca licenciada e todas as orientações, restrições e penalidades de sua incorreta aplicação (Mauro, 2006).

2.6 Inovação nas redes de franquias brasileiras

De acordo com Koulopoulos (2011, p. 40), a "grande inovação é o resultado de um processo sustentado de incontáveis repetições que visam a refinar o produto e adequá-lo às necessidades do mercado". Dessa forma, a inovação – e não a competição de preços – é a característica central do processo de mercado.

No artigo intitulado "Inovação, a chave para o futuro", o advogado Ruy Martins Altenfelder Silva (2010) propõe que a cultura da inovação seja semeada no mundo corporativo e transformada em prioridade estratégica das organizações: "A inovação é a fonte principal de dinamismo econômico e bem-estar social, sendo a chave tanto para vencer as adversidades econômicas quanto para colocar o desenvolvimento numa trajetória ambientalmente sustentável".

Cada vez mais, novos comportamentos, associados a tecnologias inovadoras nas áreas financeira, energética e computacional, apontam profundas transformações na maneira de fazer negócios no mundo. Em um modelo "engessado" como é o *franchising*, é preciso abrir espaço para a inovação, a qual deve ser favorecida pela formação de parcerias e trocas de experiências, bem como pelo relacionamento entre franqueado e franqueador, em matéria de produtos, serviços, processos, gestão, modelos, logística e atendimento.

De 6 a 28 de novembro de 2017, a ABF realizou a 1ª Pesquisa de Inovação nas Franquias Brasileiras, em parceria com a Confederação Nacional de Serviços (CNS), com metodologia desenvolvida pela Fundação Dom Cabral. A iniciativa obteve adesão de 198 redes de franquias, sendo 34,8% de varejo e 65,2% de serviços, representando 24,3% do total de unidades existentes no país naquele ano (ABF; CNS, 2018).

O objetivo foi avaliar o empenho das redes de franquias em criar condições para a ocorrência de inovações entre 2014 e 2016, bem como medir seus resultados. Foram abordados diversos aspectos reunidos em quatro blocos (ABF; CNS, 2018):

1. cultura e estrutura organizacional para pesquisa, desenvolvimento e introdução de novas ideias;
2. estratégias das empresas nas atividades inovadoras;
3. atividades inovadoras desenvolvidas;
4. resultados da inovação em termos de aumento de rentabilidade, redução de custos, melhoria da qualidade, ampliação da participação no mercado e sustentabilidade dos negócios.

O empenho em inovar acarretou resultados expressivos para as redes de franquias (ABF; CNS, 2018):

» As franquias brasileiras mostraram disposição para investir, apesar das adversidades da conjuntura econômica.
» A maioria (91,8%) das redes de franquias introduziu alguma inovação significativa no período pesquisado.
» A adaptação de produtos e serviços foi a estratégia dominante, juntamente com a adoção de novas técnicas de gestão e novas formas de organização do trabalho.
» 45% das empresas pesquisadas introduziram equipamentos, técnicas ou *softwares* novos.
» Marketing, estética e *design* de produtos e serviços das franquias receberam inovações.
» A metade das empresas pesquisadas tem um gestor de inovação e somente 42,5% dispõem de um centro de pesquisa & desenvolvimento (P&D).
» Para o desenvolvimento de inovação, mais da metade estabelece parcerias estratégicas com fornecedores, outras empresas do grupo, consultorias e/ou consumidores, sendo menos frequentes as parcerias com concorrentes, *start-ups*, universidades, centros de capacitação e assistências técnicas.

» A coleta de ideias foi maior com os franqueados e os colaboradores internos do que com parceiros, fornecedores e clientes.
» Um terço das empresas declarou ter investido em tecnologias *online-to-offline*, armazenamento e computação em nuvem.
» A inovação impulsionou o aumento da rentabilidade das franquias e a ampliação da participação de mercado das empresas, bem como a redução dos impactos ambientais, a melhoria da segurança do trabalho e o enquadramento de produtos e serviços em regulações e normas mercadológicas.

Os instrumentos de coleta de ideias foram: *e-mail* (53,2%); *brainstorming* e grupos focais (38,6%); plataforma de intranet (28,5%); redes sociais (28,5%); núcleos para gestão de ideias (23,4%); plataforma *website* (18,4%); sistemas computacionais de gestão de ideias (16,5%); comunidades de práticas (15,8%); e outros (6,3%) (ABF; CNS, 2018).

Entre as constatações mais significativas estão as seguintes (ABF; CNS, 2018):

» 84,9% concordam parcial ou totalmente que a inovação aumentou a rentabilidade da empresa.
» 79,4% concordam parcial ou totalmente que a inovação ampliou a participação da empresa no mercado.
» 63,1% concordam parcial ou totalmente que a inovação reduziu os custos do trabalho.
» 58,1% concordam parcial ou totalmente que a inovação reduziu o consumo de matérias-primas.
» 61% concordam parcial ou totalmente que a inovação reduziu os custos dos serviços prestados.
» 94,7% concordam parcial ou totalmente que a inovação melhorou a qualidade dos serviços prestados.

» 88,7% concordam parcial ou totalmente que a inovação ampliou a gama de serviços ofertados.
» 80,2% concordam parcial ou totalmente que a inovação possibilitou a abertura de novos mercados.
» 85% concordam parcial ou totalmente que a inovação aumentou a capacidade de prestação de serviços.

No que concerne a altos ou de médios a altos investimentos em tecnologias da informação (TI), eles estão assim distribuídos (ABF; CNS, 2018):

» 51,8% em serviços de armazenamento de informações em nuvem;
» 43,9% em *cloud computing*;
» 33% em *online-to-offline*;
» 20,1% em computação cognitiva;
» 18,2% em internet das coisas;
» 15,8% em *machine learning*;
» 12,8% em robótica avançada.

A análise da pesquisa leva à conclusão de que uma maior atividade inovadora dentro da empresa está positivamente correlacionada a maiores chances de introdução de uma inovação que reduza os custos e agrade aos consumidores.

É possível concluir, analisando-se os dados apresentados, que os aspectos listados a seguir são determinantes para a inovação no setor de franquias:

» **Maneiras de inovar:**
    » pesquisa e desenvolvimento;
    » aquisição de conhecimento;
    » aquisição de *software*;
    » parcerias estratégicas;
    » consultorias.

» **Dez mandamentos do inovador:**
  » não confundir inovação com invenção;
  » não pensar somente em tecnologia;
  » ter objetivos;
  » mudar a cultura empresarial;
  » ter disciplina;
  » dar ênfase a parcerias;
  » sair às ruas;
  » buscar resultados;
  » ter métricas;
  » não depender só do governo.

Síntese

Neste capítulo, situamos o *franchising* na atualidade, tendo em vista seu conceito contemporâneo, os expressivos dados desse sistema de negócios e sua classificação. Foram elencadas as características das empresas de *franchising* bem-sucedidas.

Abordamos, ainda, as estratégias de canais de vendas e seus fluxos, bem como as variáveis que devem ser equilibradas para acessar o mercado. Examinamos as diferentes formas de distribuição de produtos e os aspectos que devem ser considerados. Destacamos também a importância da cooperação para a obtenção de vantagem competitiva e analisamos os conflitos de canal mais comuns, com sugestões para sua prevenção e resolução a contento.

Por fim, estabelecemos a diferenciação entre *franchising* e licenciamento, descrevemos o funcionamento do Microempreendedor Individual (MEI) e explicamos a importância da inovação nos resultados das redes de franquias.

Questões para revisão

1) Em que consiste o *franchising*?

2) Sabendo-se que o conflito entre os membros de um canal de vendas é inevitável, qual processo deve ser adotado para sua melhor resolução?

3) O sistema de franquias é apenas um dos canais de distribuição utilizados pelas empresas e, de acordo com Rosenbloom (2009), existem vários fluxos que passam por esse canal. Assinale a alternativa que **não** apresenta um desses fluxos citados no capítulo:

    a) Fluxo de produtos.
    b) Fluxo de informação.
    c) Fluxo de pedidos.
    d) Fluxo de promoção.

4) Com relação aos conflitos entre membros do canal de distribuição, assinale a alternativa que descreve corretamente o que representa um conflito horizontal:

    a) Quando os membros do canal se encontram no mesmo nível.
    b) Quando os membros do canal se encontram em níveis diferentes.
    c) Quando o conflito ocorre entre intermediários de mesma natureza.
    d) Quando o conflito envolve intermediários de diferentes naturezas.

5) Indique a alternativa que apresenta uma característica que **não** se aplica ao licenciamento:

    a) Modalidade de contrato que cede a terceiros o direito de uso de uma marca/um produto.
    b) Todos os direitos da empresa são transferidos à licenciadora.

c) Não se recomenda admitir o licenciamento de marca sem o pedido de registro no Instituto Nacional de Propriedade Industrial (Inpi).
d) O licenciamento não tem relação com a transferência de tecnologia, isto é, com os conhecimentos secretos de fabricação ou a tecnologia desenvolvida para a prestação de serviços de qualquer espécie.

Questão para reflexão

1) Como abrir espaço para a inovação em um modelo de negócios engessado como é o *franchising*?

capítulo 3

Principais mercados do *franchising*

Conteúdos do capítulo:
» Principais segmentos que utilizam o *franchising*.
» Sinergia entre o *franchising* e os *shopping centers*.

Após o estudo deste capítulo, você será capaz de:

1. reconhecer quais são os segmentos que mais se beneficiam do *franchising* e qual é a dimensão desse aproveitamento;
2. compreender o que faz com que *shopping centers* e redes de franquias sejam tão sinérgicos.

3.1 Franquias segmentadas

É muito fácil enxergar atualmente o sucesso das franquias no Brasil e em várias partes do mundo. Basta caminhar por qualquer centro comercial desenvolvido de uma grande ou média cidade dos Estados Unidos, da Coreia do Sul, da França, do México ou do Brasil para identificar uma centena de marcas originárias de várias partes do mundo – principalmente dos Estados Unidos – replicadas em estabelecimentos diversos, que oferecem essencialmente a mesma experiência de consumo propiciada pelo franqueador na origem do negócio.

Esse sucesso fica ainda mais evidente quando se visualizam em números a evolução e a dimensão que o setor de franquias conquistou em várias partes do mundo e do Brasil. No mercado norte-americano, o sucesso do sistema de franquias é inegável. Atualmente, o país tem mais de 800 mil franqueados, segundo dados da International Franchise Association (IFA) (Sua Franquia, 2017).

Apesar de não apresentar números com a mesma dimensão econômica dos Estados Unidos, o Brasil também é um bom exemplo de sucesso do sistema de franquias. Números recentes demonstram uma enorme presença do sistema nas principais cidades do país. De acordo com a Associação Brasileira de Franchising (ABF), existem hoje 160.958 estabelecimentos franqueados no país, representados por dezenas de tipos de negócios nos mais diversos segmentos do varejo (ABF, 2020). No Brasil, também há 2.877 redes franqueadoras de vários segmentos, segundo dados da ABF (2020).

Vários franqueadores brasileiros merecem destaque na atualidade pela dimensão alcançada por suas redes em todo o país e até no estrangeiro. Exemplos como O Boticário, Cacau Show e Chilli Beans evidenciam a que ponto pode chegar o êxito do sistema de franquias no Brasil.

Tal sucesso tem sido construído de forma consistente, ano após ano, evidenciado pelos números apresentados pela ABF em 2018 e 2019, os quais mostram a evolução do faturamento no setor de franquias no Brasil e sua perspectiva de crescimento. Ao analisarmos os números, constatamos um crescimento ininterrupto desse faturamento ao longo dos últimos 15 anos, apesar das inúmeras adversidades que o varejo brasileiro enfrentou em vários momentos da história econômica do país.

Além disso, o sucesso do sistema de franquias no Brasil tem por consequência uma grande contribuição para a geração de emprego e renda no país. Atualmente, o setor de franquias gera mais de 1.350.000 empregos diretos (ABF, 2020).

3.2 Presença do *franchising* em diferentes segmentos

O setor de franquias é popularmente conhecido na área de alimentação. No entanto, vários outros segmentos têm grande representatividade e espalham unidades franqueadas por todo o Brasil.

Na sequência, vejamos os principais segmentos do setor de franquias, segundo a ABF (2019).

Alimentação

Por atender a uma necessidade básica da população brasileira, o segmento de Alimentação é um dos que mais se expandem no setor de franquias. Até mesmo em períodos de crise ou de incerteza econômica, grande parte das pessoas realiza refeições fora de casa, viabilizando a criação de lanchonetes, bares, restaurantes e cafés.

A capacidade do segmento para se adaptar aos mais diversos tipos de consumidores também faz com que várias oportunidades de novas redes apareçam. Cada vez mais, os clientes procuram experiências gastronômicas únicas. Além disso, a demanda por produtos saudáveis tem alavancado uma nova onda de redes de franquias. A empresa mais antiga do segmento no Brasil associada à ABF é a Casa do Pão de Queijo.

Consideram-se como subsegmentos do setor de Alimentação (ABF, 2019):

» bares;
» distribuição e produção de alimentos;
» confeitarias e sorveterias;
» empórios, mercados e lojas de conveniência;
» padarias e lojas de conveniência;
» restaurantes com serviços completos;
» restaurantes com serviços rápidos.

A Tabela 3.1, a seguir, apresenta dados de 2018 relativos à representatividade do segmento de Alimentação.

Tabela 3.1 – Representatividade do segmento de Alimentação – 2018

Participação (%) do segmento no faturamento total do *franchising* brasileiro	26,2%
Faturamento do segmento	R$ 45,8 bilhões
Redes franqueadoras	762
Unidades franqueadas	33.895

Fonte: Elaborado com base em ABF, 2019.

Casa e Construção

Considerado anteriormente apenas um nicho, o segmento de Casa e Construção atualmente pode ser entendido como um agrupamento de vários subsegmentos já consolidados. Uma das características desses subsegmentos é sua natural relação direta com o crescimento ou o desaquecimento do setor da construção civil. Quando estão sendo lançados e vendidos mais empreendimentos, naturalmente esse setor se beneficia de mais vendas. A empresa mais antiga do segmento associada à ABF é a Multicoisas.

Consideram-se como subsegmentos do setor de Casa e Construção (ABF, 2019):

» lojas de artigos para o lar;
» lojas de materiais de construção;
» imobiliárias;
» empresas de reparos e manutenção;
» lojas de venda de móveis e decoração.

Os dados relacionados à representatividade desse setor estão apresentados na Tabela 3.2.

Tabela 3.2 – Representatividade do segmento de Casa e Construção – 2018

Participação (%) do segmento no faturamento total do *franchising* brasileiro	5,7%
Faturamento do segmento	R$ 10 bilhões
Redes franqueadoras	215
Unidades franqueadas	8.993

Fonte: Elaborado com base em ABF, 2019.

Comunicação, Informática e Eletrônicos

Em um país em que há mais telefones celulares do que pessoas, é indispensável que existam grandes redes de distribuição que atendam à demanda por consumo e pela manutenção desses aparelhos. Esta é uma das oportunidades que o segmento oferece a quem pretende expandir a vida atual e futura dos indispensáveis aparelhos eletrônicos. Além dos *smartphones*, há os *tablets*, os computadores, os televisores e os *videogames*. Os acessórios relacionados a esses produtos compõem grande parte do faturamento do segmento, como capas de celulares, por exemplo. Cada vez mais, a necessidade de disseminação de informação e conhecimento é ampliada, aumentando, assim, as oportunidades de empresas nas áreas de informática e gráfica. A empresa mais antiga do segmento associada à ABF é a AlphaGraphics (ABF, 2019).

Consideram-se como subsegmentos do setor de Comunicação, Informática e Eletrônicos (ABF, 2019):

» lojas de eletrônicos;
» livrarias e gráficas;
» informática.

A Tabela 3.3 apresenta os dados estatísticos referentes a esse segmento.

Tabela 3.3 – Representatividade do segmento de Comunicação, Informática e Eletrônicos – 2018

Participação (%) do segmento no faturamento total do *franchising* brasileiro	3,1
Faturamento do segmento	R$ 5,4 bilhões
Redes franqueadoras	144
Unidades franqueadas	4.575

Fonte: Elaborado com base em ABF, 2019.

3.3 O mercado de *franchising* nos *shopping centers*

Os mercados de *shopping centers* e franquias estão intrinsecamente relacionados. Estima-se que cerca de 35% das lojas dos *shopping centers* são marcas de franquias. Esse percentual sobe para 55% no setor de alimentação. Outros setores relevantes são brinquedos, calçados e acessórios, casa e construção, além das franquias de serviços.

Abrir uma loja de franquia em *shopping center* pode ser uma boa decisão de investimento, mas o custo é elevado para o lojista, que precisa seguir estritamente as regras do *shopping*.

Os gastos para o franqueado incluem a compra do ponto comercial (luva), condomínio, aluguel e fundo de promoção. Cada segmento tem um determinado percentual, que varia conforme o volume de vendas. Os custos podem aumentar de acordo com a distância entre o centro de distribuição da franquia e o centro de compras, bem como com a necessidade de transporte especial. Para o negócio ser compensador, é recomendável que os custos de ocupação não ultrapassem 15% do faturamento mensal.

Deve-se levar em conta também que a maioria dos *shoppings* se consolida entre três e quatro anos após a abertura. Logo, a decisão deve considerar, ainda, se a marca da franquia condiz com o perfil do consumidor, a economia e a cultura da região, além do potencial de crescimento. Para tanto, é aconselhável promover um bom estudo de mercado. Outro aspecto a ser analisado é o tipo de espaço ofertado pelo empreendimento para a instalação da loja.

Síntese

Neste capítulo, apresentamos os principais segmentos em que o *franchising* proporciona um modelo sólido de expansão. O segmento de alimentação é o que mais está representado, com mais de 25% de participação no *franchising* brasileiro. Os segmentos de Casa e Construção e Comunicação, Informática e Eletrônicos também estão bem representados. Por fim, analisamos a sinergia entre o *shopping center* e o *franchising* e apontamos os gastos de uma franquia ao optar por entrar nesse tipo de empreendimento.

Questões para revisão

1) Como se apresenta a alimentação entre os demais segmentos no setor de franquias?
2) Como se dá a relação entre o setor de franquias e os *shopping centers*?
3) Assinale a alternativa que apresenta uma característica do segmento de Alimentação no setor de franquias:

   a) Tem grande capacidade de se adaptar aos mais diversos tipos de consumidores.
   b) Atende a uma necessidade básica da população.
   c) Consegue se manter sustentável mesmo diante de crises e incertezas econômicas.
   d) Todas as alternativas anteriores estão corretas.

4) Marque a alternativa que **não** apresenta um dos subsegmentos do setor de Comunicação, Informática e Eletrônicos:

   a) Informática.
   b) Livrarias e gráficas.
   c) Empresas de reparo e manutenção.
   d) Lojas de eletrônicos.

5) Marque a alternativa que **não** apresenta um dos subsegmentos do setor de Casa e Construção:

   a) Lojas de artigos para o lar.
   b) Imobiliárias.
   c) Empresas de reparo e manutenção.
   d) Empórios, mercados e lojas de conveniência.

Questões para reflexão

1) Por que a alimentação é sempre um dos segmentos de maior destaque no setor de franquias?
2) Quando pode não ser um bom negócio abrir uma franquia em um *shopping center*?

capítulo 4

Franquia formatada – *Business Format Franchising*

Conteúdos do capítulo:

- » Franquia formatada – *Business Format Franchising*.
- » Franquias de destaque no Brasil.
- » *Cases* de franquias formatadas no Paraná.

Após o estudo deste capítulo, você será capaz de:

1. aplicar um método de formatação de franquia;
2. analisar casos de franquias de maior destaque no Brasil e no Paraná.

4.1
Business Format Franchising

A franquia de negócio formatado – *Business Format Franchising* – é um "pacote pronto" concebido em sua integralidade, incluindo a marca, o(s) produto(s), o serviço, o plano de marketing, os manuais de operação e os programas de treinamento, de controles gerenciais e de qualidade. Esse conjunto deve ser reproduzido integralmente pelos franqueados em suas unidades. O relacionamento entre franqueador e franqueado é intenso.

Os elementos essenciais da franquia formatada são (Foganholo Neto, 1992):

» unidade-piloto ou cadeia de lojas implantadas, testadas e consistentemente lucrativas;
» equipe gerencial e de consultoria coesa e competente nos aspectos legais, financeiros, comerciais, operacionais e administrativos;

- » capitalização suficiente para o lançamento e a sustentabilidade do programa de *franchising*, com fornecimento de apoio inicial e suporte contínuo aos franqueados;
- » identidade de marca diferenciada e registrada, com aplicação padronizada em *layout*, sinalização, *slogan*, material de divulgação e em tudo o que se relacione à imagem do negócio;
- » métodos de operação e gestão profissionais, sistematizados em um manual de operações, expressando claramente os padrões objetivos de qualidade;
- » programa completo de treinamento e desenvolvimento para franqueados;
- » equipe de apoio de campo com forte habilidade em treinamento e comunicação, disponível para visitar periodicamente os franqueados e prestar-lhes assistência, bem como para monitorar o padrão de qualidade;
- » documentos legais que especifiquem os direitos e as responsabilidades das partes, a estratégia do negócio e as políticas operacionais;
- » perfil do ponto comercial e do local para a implantação da unidade franqueada;
- » demanda comprovada de mercado para os produtos e serviços ofertados com segurança e consistência;
- » pesquisas e análises de mercado para medir a percepção dos consumidores, a concorrência e as tendências na economia e no setor de negócio;
- » monitoramento constante dos movimentos da concorrência direta e indireta, bem como das ameaças e das oportunidades;
- » parceria firme baseada em confiança e lealdade no relacionamento com fornecedores, agentes financeiros, corretores imobiliários, seguradores e franqueados, para assegurar condições vantajosas e competitivas;

» sistema objetivo de identificação, captação e seleção de franqueados conforme o perfil definido;
» sistema de controles e informações gerenciais baseado em fluxo contínuo;
» pesquisa, desenvolvimento e inovação que possibilitem não apenas a manutenção, mas também a ampliação da participação no mercado;
» programa de comunicação e marketing para as ações de endomarketing, propaganda, publicidade, relações públicas, promoção e mídias sociais em âmbitos nacional, regional e local;
» eventos periódicos de congregação.

4.1.1
Exemplos de sucesso na formatação de franquias

Yázigi

Em 1950, na cidade de São Paulo, Fernando Heráclio Silva e César Yázigi fundaram a que seria a primeira franquia de idiomas do Brasil: Yázigi. O irmão de Fernando, Itamar Silva, também foi responsável pelo crescimento do instituto de idiomas em todo o país. O Yázigi (2021) foi uma das pioneiras franquias de serviços do Brasil e a primeira a integrar internet com sala de aula de forma organizada, entre outras inovações.

O nome tem origem no sobrenome de César Yázigi, que deixou a franquia em 1962. Nascido na Bahia, Fernando Silva dirigiu a empresa junto com seu irmão. Alexandre Silva conseguiu consolidar a empresa mesmo com a presença e o ingresso de vários fortes concorrentes no mercado durante várias décadas, como as marcas Fisk, CNA, Cultura Inglesa, Wise Up, CCAA, entre outros mais recentes.

Durante um período, foi chamado de Yázigi Internexus, em virtude de uma fusão entre a empresa brasileira Yázigi e a estrangeira Internexus. Após a transferência em 2010 para o Grupo Multi, o nome passou a ser oficialmente apenas Yázigi.

Em 2010, foi comprado pelo Grupo Multi Holding por R$ 100 milhões, por ser uma marca diferenciada e capaz de valorizar o empreendimento. Em 2014, o grupo britânico Pearson – focado em educação e edição de materiais didáticos, além de proprietário do *Financial Times*, de Londres – comprou a totalidade do Grupo Multi, que inclui várias marcas do segmento, por R$ 1,35 bilhão.

O Yázigi está presente em diversas capitais e grandes cidades do Brasil. Foi o primeiro a ter um sistema de franquias no país, além de igualmente ter como marca importante a House of English. O nome inicial do Yázigi foi Instituto de Idiomas Yázigi e, por isso, até hoje é identificado como "o" Yázigi.

O Quadro 4.1, a seguir, apresenta os principais valores da empresa.

Quadro 4.1 – Yázigi: missão, unidades e cobertura

Missão da empresa	Facilitar o acesso a visões diferenciadas de mundo por meio do ensino de inglês, inspirando pessoas para que ampliem o seu universo de experiências e possibilidades.
Unidades	Mais de 300 escolas.
Cobertura	Mais de 70 mil alunos entre crianças, jovens e adultos por ano em todo o Brasil.

Fonte: Elaborado com base em Yázigi, 2021.

Eis algumas informações importantes sobre o pioneirismo da empresa:

- » Pioneira na utilização de materiais audiovisuais em sala de aula.
- » Idealizadora do primeiro e mais completo portal de educação a distância do segmento.
- » Wi-Fi Zone.
- » Utilização de lousa interativa.

» Primeira franquia de idiomas a nivelar seus cursos de acordo com o padrão europeu.
» O Yázigi conquistou 29 selos de excelência em franchising da ABF nos últimos 30 anos. Foi eleita uma das marcas mais reconhecidas de sua categoria.
» Franquia de 6ª geração: modelo de Net Learning. (Yázigi, 2021)

O Boticário

O Boticário abriu suas portas em 22 de março de 1977 na cidade de Curitiba. O nome da marca é a antiga denominação para "farmacêutico". Foi adotado pelo idealizador do empreendimento, Miguel Krigsner, que teve a ideia do negócio quando participava de um curso em Porto Alegre no qual a manipulação artesanal de medicamentos começava a ser redescoberta, dando ao paciente uma opção de tratamento personalizada, principalmente na área de dermatologia. A busca por uma experiência inovadora implicava a criação de um local muito agradável, no qual as pessoas se sentissem bem. Os tradicionais balcões repletos de remédios foram substituídos por sofás, revistas e cafés para aqueles que quisessem aguardar pela preparação de suas receitas. Era o início do atendimento especial que a marca mantém e aprimora até hoje.

Na farmácia, os próprios farmacêuticos estavam no balcão, transmitindo, assim, uma imagem de seriedade e confiança. Em pouco tempo, principalmente em consequência da comunicação "boca a boca" na cidade, as pessoas passaram a ir até a loja à procura dos produtos ofertados, que já eram sinônimo de qualidade. Foi nesse contexto que Miguel Krigsner decidiu mudar da manipulação de receitas para a produção de produtos com a marca O Boticário. Começou batendo os cremes em uma batedeira que a irmã tinha recebido a mais de presente de casamento. E assim nasceram os primeiros produtos: um creme hidratante, um xampu e um banho de espuma à base de algas marinhas e a primeira água de colônia da marca – Acqua Fresca, famosa até hoje.

Em 1979, já com vários produtos da marca O Boticário e com seu atendimento especial, foi inaugurada a primeira loja exclusiva da marca, no Aeroporto Afonso Pena, em São José dos Pinhais, na Região Metropolitana de Curitiba. Rapidamente, tornou-se uma especialidade de perfumaria e cosmética desejada em todos os outros estados do Brasil, muito divulgada e transportada pelas tripulações que passavam por aquele terminal e se encantavam por aquela loja especial.

Em alguns anos, a pequena farmácia de outrora deu lugar à maior rede de perfumaria e cosmética do mundo, com mais de 3.600 lojas no Brasil e cerca de 600 pontos de venda em outros países.

Mesmo sabendo que a atuação fora do país é um desafio, em 1986, O Boticário abriu sua primeira loja em Portugal, no Centro Comercial das Amoreiras. Pioneiro em lojas exclusivas de perfumaria e cosmética, em pouco tempo se tornou uma marca muito conhecida e querida dos portugueses, fazendo cada vez mais parte de seu dia a dia. Em 2019, 28 anos depois de sua criação, O Boticário já contava com 50 lojas em Portugal, mais de 200 mil fãs em sua página no Facebook e uma dinâmica loja *on-line* (Portal São Francisco, 2021).

Cacau Show

Quando tinha 18 anos, Alexandre Tadeu da Costa começou sua trajetória como dono de uma das maiores redes de franquias de chocolate do Brasil. O empresário utilizava um Fusca branco 78 para fazer as entregas de trufas e bombons de chocolate em padarias e supermercados da Zona Oeste de São Paulo (SP). Assim começava a Cacau Show.

Um dos maiores desafios naquele momento era conseguir transmitir seriedade e confiança para a clientela tendo tão pouca idade, mas Alexandre decidiu não ser a vítima da história, e sim o protagonista. Persistiu em sua iniciativa. Na Páscoa daquele ano, conseguiu uma encomenda de 2 mil ovos de chocolate, que decidiu produzir por conta própria. Com a contratação de uma auxiliar, honrou o pedido e entregou toda a encomenda.

Alexandre investiu o lucro de aproximadamente U$ 500 na capacidade de fabricação, pois percebeu que o mercado de chocolates artesanais ainda era muito pouco explorado no Brasil. A loja foi construída com capital próprio, sem necessidade de empréstimo bancário.

Apesar de contar com representantes, o grande salto de experiência de Alexandre foi ele mesmo fazer as visitas e as vendas para os lojistas que revenderiam seus produtos. A partir desse caminho, o empresário compreendeu como é o processo de vendas de chocolate para o consumidor final.

Ao longo dos anos, outras habilidades foram adquiridas pelo empresário: fabricar, conservar, embalar, e assim por diante. Além disso, Alexandre fez vários cursos, tanto aqueles oferecidos por grandes fornecedores e revendedores de chocolate em barra como outros tipicamente voltados para donas de casa.

Em 1992, o produto parou de rodar no ponto de venda e, em razão de sua curta vida útil, começou a estragar. Por esse motivo, todos os produtos deteriorados foram trocados sem qualquer ônus para os lojistas. Apesar da falta de dinheiro em caixa, Alexandre decidiu comprar uma máquina para fazer panetones e montou quiosques em feiras natalinas para oferecer não só seus chocolates, mas também produtos adequados à temperatura do verão, como salgadinhos e sucos, adquiridos de terceiros.

No final de 2001, surgiu a primeira loja da marca Cacau Show, em Piracicaba, no interior de São Paulo. Logo já eram 18 pontos de venda padronizados com a marca da empresa.

A cada ano, esse número crescia, sendo estabelecidos mais de cem pontos de venda em poucos anos.

Em 2005, Alexandre foi condecorado com o prêmio Melhor Franquia do Ano, na categoria Cafeteria e Confeitaria, dado pela Editora Globo em parceria com a Fundação Getulio Vargas (FGV). Em 2008 e 2009, a Cacau Show foi agraciada com o Selo de Excelência em *Franchising* – um atestado de sua capacidade real de atender ao público e a seus franqueados.

Em 2008, a Cacau Show se tornou a maior rede mundial de lojas de chocolates finos. Atualmente, tem cerca de 2 mil pontos de venda no Brasil. Instalada em 2006 em Itapevi, na Grande São Paulo, a fábrica produz 250 tipos de produtos. O novo desafio da marca agora é ganhar o mercado internacional (Ferreira, 2012).

Habib's

Aos 17 anos, o estudante de cursinho Alberto Saraiva pegava oito conduções por dia para realizar seu sonho. Após várias tentativas frustradas de passar no vestibular para diversas instituições, foi aprovado na Faculdade de Ciências Médicas da Santa Casa de São Paulo.

No mesmo período, seu pai, que tinha vindo de Portugal anos antes, comprou uma padaria na Zona Leste de São Paulo para garantir o sustento de todos. O negócio não era dos melhores, além de existirem vários concorrentes no bairro. Dezenove dias após a compra da padaria, o pai de Saraiva foi assassinado em um assalto. Como existia uma dívida relacionada à compra do negócio, o recente aluno de Medicina decidiu trancar a faculdade e, por ser o filho mais velho, substituir o pai na operação do negócio.

De uma hora para outra, o futuro médico teve de virar padeiro e administrador de varejo. Durante essa transição, a padaria precisou adquirir pães prontos para revender até que se dominasse por completo o sistema de fabricação. Após a organização desse processo, a padaria tornou-se bastante competitiva e lucrativa. Saraiva conseguiu vender a loja para outra pessoa e dar continuidade a seus estudos de Medicina.

Entretanto, a experiência passada por Saraiva mudaria para sempre sua mente. Ele tinha vivenciado a experiência do comércio varejista e acabou sendo seduzido por ela. Então, algum tempo depois, decidiu montar a Casa do Pastel, utilizando a mesma estratégia adotada na padaria: vender com preços abaixo do mercado. A consequência foi a repetição do sucesso e, mais uma vez, a venda do negócio para interessados em toda aquela clientela. Assim aconteceu com a Casa do Gnocchi e com a Casa da Fogazza.

Uma das habilidades do empresário também era identificar o ponto comercial ideal. Em 1980, Saraiva se formou em Medicina, mas, como se diz no ramo, o "mosquito do varejo" já o havia picado. Por esse motivo, em 1988, depois de ter encontrado o cozinheiro aposentado Paulo Abud – que lhe ensinou a receita do produto que mudaria para sempre sua vida –, Saraiva montou a primeira loja de seu novo negócio: o Habib's. Na época, o empresário ousou colocar uma faixa na frente do ponto de venda, no Bairro da Lapa, afirmando que ali estava a melhor esfirra do país!

Em pouco mais de quatro anos, o empresário já estava com 16 lojas. Graças ao interesse de uma cliente da marca, em 1992 surgiu a primeira loja franqueada da marca Habib's. A empreendedora se interessou pelo negócio quando foi pagar a conta e se surpreendeu com o preço – ela não acreditava que era tão barato! Em dez anos desde a primeira loja, a marca já contava com cem pontos de venda em todo o Brasil, popularizando esse tipo de comida árabe.

O nome Habib's decorreu de uma sugestão de um amigo de descendência árabe, Nelson Libbos, que tinha o hábito de chamar todos de *habib* – "querido", "amado", em português.

Para vencer o desafio de continuar a vender esfirras a preços baixos, Saraiva decidiu verticalizar o negócio, montando a própria rede de fornecedores.

Uma das inovações mais interessantes da rede de franquias foi a criação de uma "UTI do franqueado", chamada de Unidade de Terapia Intensiva do Habib's (UTIH), para atender unidades franqueadas em estado crítico. Foram levantadas e examinadas todas as informações da loja. Um gestor da UTIH passou dez dias no estabelecimento em período integral, analisando as anomalias que estavam interferindo nos resultados e apontando as medidas necessárias para a recuperação da loja. Com essa ação, a mortalidade das unidades franqueadas tendeu a zero!

Hoje, apesar de brasileira, a marca é a maior rede de varejo de comida árabe do mundo, com mais de 430 restaurantes espalhados por todo o país, mais de 9 bilhões de esfirras vendidas desde o início da operação e 680 milhões de esfirras vendidas anualmente (Baccarini, 2018; Monteiro, 2016; Mamona, 2013).

AmPm

A AmPm foi criada, na década de 1970, pela empresa petrolífera Atlantic Richfield Company (Arco), quando esta percebeu a possibilidade de aumentar suas vendas em postos sem vender mais combustível. Assim, em 1978, foi inaugurada, na região de Los Angeles, na Califórnia, a primeira loja AmPm (que recebeu esse nome em alusão ao funcionamento 24 horas).

A loja tinha um horário diferenciado, sendo uma das únicas opções no período noturno, e ofertava refrigerantes, cafés, cigarros, jornais, petiscos, doces, bebidas alcoólicas e comidas de rápido preparo.

No ano seguinte, o negócio foi franqueado e, no fim da década de 1970, já existiam mais de 240 lojas operando no regime de franquia. A receita do sucesso era baseada na grande diversidade de produtos, no bom atendimento e em preços competitivos.

Já na década de 1990, o negócio se expandiu para países como Japão, Canadá, México, Argentina, Tailândia e Reino Unido.

Em 1993, surgiram as primeiras lojas AmPm no Brasil. Atualmente, estão localizadas dentro dos postos da Rede Ipiranga em todo o território nacional. Atendem não apenas os clientes que buscam abastecer seus veículos, mas também toda a vizinhança, servindo como alternativa prática para aqueles que moram nos arredores dos estabelecimentos.

No ano 2000, a britânica British Petroleum (BP) comprou a Arco, assumindo por consequência a gestão da marca AmPm.

Nos últimos anos, a rede vem investindo em diferentes conceitos de lojas no Brasil. Em 2015, por exemplo, atraiu e fidelizou consumidores locais ao dispensar especial atenção às necessidades dos bairros em que as unidades estão localizadas (Mundo das Marcas, 2006).

A loja passou a oferecer pães, baguetes, bolos, sobremesas, lanches, no formato de padaria, além de produtos de mercearia e, em alguns casos, até hortifrútis. A marca também disponibiliza produtos de sua marca própria, como bebidas, sanduíches, *pizzas*, biscoitos, salgadinhos e sobremesas. Atualmente, a AmPm está em oito países e tem centenas de unidades franqueadas no Brasil (Criação das Marcas, 2011).

Multicoisas

Em 1978, o casal Lindolfo e Elza Martin teve a ideia de montar a loja chamada Multicasa, na cidade de Campo Grande.

Naquela época, o estabelecimento não passava de uma modesta loja de materiais para construção. Contudo, durante a operação da loja, ele e a esposa perceberam que muitos clientes procuravam ferramentas e produtos que os auxiliassem em pequenos reparos domésticos. Assim, em 1984, foi desenvolvido um novo conceito de loja. Era a primeira loja da marca Multicoisas.

Nesse novo modelo, era possível encontrar uma grande variedade de produtos e soluções integradas ao atendimento especializado dos vendedores. O autosserviço e a filosofia do "faça você mesmo" permitiam que o próprio cliente procurasse os produtos expostos nas prateleiras, como nos supermercados. Além disso, a loja tinha uma bancada na qual os vendedores podiam ensinar os clientes a fazer os reparos, como trocar a resistência de um chuveiro, por exemplo.

Após o teste e a aprovação desse modelo de loja por grande parte dos consumidores, o casal decidiu expandir a marca por todo o Brasil e, desse modo, em 1990, optou pelo desenvolvimento de um sistema de franquias. A empresa tornou-se uma das primeiras no mercado brasileiro a adotar a expansão profissional e planejada, nos moldes das grandes redes americanas de franquias. Em 1998, implantou em São Paulo, seu primeiro centro de distribuição.

Em 2006, a loja foi eleita pela terceira vez a melhor franquia do segmento. Em 2010, a Multicoisas alcançou a marca de cem lojas em funcionamento. Após 30 anos de atividade, o casal decidiu dar um salto profissional na gestão da rede, contratando como CEO o executivo Sandro Benelli, recrutado na França, onde trabalhava para o Grupo Casino, controlador do Grupo Pão de Açúcar. Assim, em 2016, a marca já contava com 200 lojas (Multicoisas, 2021).

Kumon

Com mais de 4 milhões de alunos em 50 países, o Kumon é um exemplo de sucesso de franquia internacional de prestação de serviços. Atualmente, é a sétima maior rede de franquias no Brasil, onde está estabelecida há 40 anos, com 180 mil alunos (Portal do Franchising, 2018).

Idealizado no Japão, em 1954, pelo professor de Matemática Toru Kumon para ajudar seu filho Takeshi nos estudos, o método diferenciado baseia-se no autodidatismo por meio de aprendizagem planejada e individualizada.

Na logomarca, o *thinking face* representa os rostos das crianças que aprendem, pensam e se desenvolvem, bem como dos orientadores e colaboradores que oferecem o melhor aos alunos. A cor azul expressa a inteligência, a honestidade, o céu que se estende por todo o mundo, a esperança de união e de um futuro promissor por meio da educação.

4.2 *Cases* de franquias formatadas no Paraná

DivulgaPão

Em 2010, Camila Biscouto e Wagner Rover juntaram seus talentos e constituíram uma parceria profissional para o desenvolvimento de campanhas inteligentes, com o objetivo de fortalecer as imagens das marcas nas mentes dos consumidores.

Assim nasceu a AzDirect. A proposta era surpreender o consumidor em momentos inesperados com soluções de mídia direta alternativas, como cartuchos de pão, cabides de lavanderias, cintas de DVD, jogos americanos, porta-copos e caixas de *pizza*. A empresa passou a comercializar seus produtos para agências de publicidade e departamentos de marketing empresariais. Sem concorrentes diretos em Curitiba, trabalha com mídias dinâmicas por *job*, diferenciando-se pelo *design* exclusivo e pela alta segmentação. Com um *mix* de dez produtos e aproximadamente 400 estabelecimentos parceiros em Curitiba, a AzDirect tem mais de mil estabelecimentos parceiros em toda a Região Sul, incluindo novos canais como cinemas, supermercados e lojas de conveniência, bem como projetos de destaque desenvolvidos para clientes como Claro, Spaipa/Coca-Cola, NET, Rossi, PUCPR, Uninter, Bagozzi, Expoente e Moinhos Guth.

O sucesso da publicidade nos cartuchos de pão originou a DivulgaPão – uma franquia de comercialização de anúncios publicitários em embalagens de papel coloridas. É pão embalado em propaganda, literalmente. Além da praticidade, as embalagens biodegradáveis atendem ao conceito de sustentabilidade, retirando de circulação milhões de sacolas plásticas.

A DivulgaPão coloca à disposição de seus clientes uma equipe de *designers* qualificados para criar os anúncios, que atingem o consumidor de forma impactante. Em todo o seu espaço, o cartucho pode veicular um único anúncio ou múltiplos. Os estabelecimentos comerciais parceiros recebem as embalagens gratuitamente. A marca do anunciante fica em circulação em diversos locais, o que potencializa a visibilidade do negócio.

Pioneira em seu segmento, a DivulgaPão tem mais de 200 unidades franqueadas em várias regiões do Brasil. Cada franquia encomenda no mínimo 30 mil cartuchos de pão de 5 quilos por mês e atua com exclusividade em uma região com 200 mil habitantes. A estrutura operacional enxuta e o rigoroso controle de qualidade no processo de produção das embalagens garantem uma boa relação custo-benefício (Sua Franquia, 2014).

Em razão do sucesso conquistado, a DivulgaPão foi notícia nos programas televisivos *Mundo S/A* (GloboNews) e *Pequenas Empresas, Grandes Negócios* (Sebrae/Rede Globo).

D. Zortéa Secretariado Remoto

A franquia D. Zortéa Secretariado Remoto atende a pequenas e médias empresas, profissionais liberais e pessoas físicas que necessitam de serviços de secretaria para atividades administrativas. Fundada em 2011, a empresa foi pioneira e inovou na prestação de serviços profissionais de secretariado de forma remota e terceirizada. O êxito do modelo levou sua idealizadora a adotar o *franchising*, atingindo assim o mercado nacional.

Zortéa captou o *turning point* nas relações de trabalho com o advento das tecnologias. A ideia de criar uma empresa de secretariado remoto surgiu ao se perceber que um prestador de serviços empresta sua *expertise* ao tomador por meio da troca de valores. O demandante, por sua vez, disponibiliza as oportunidades de trabalho para alguém que tenha o *know-how* necessário e uma marca confiável.

O padrão de qualidade do atendimento ao cliente é elevado. A gama de serviços de assistência virtual prestados abrange secretaria sob demanda, compras presenciais e virtuais, recursos humanos, contas pessoais e profissionais a pagar e a receber, emissão de boletos e notas fiscais, cobrança, gestão e negociação com fornecedores, orçamentação, preparo e envio de propostas comerciais, respostas a *e-mails* e em redes sociais sobre produtos ou serviços do cliente, gestão da agenda e de viagens, controle de milhagens, locação de veículos, apoio a eventos *on-line* e presenciais, correspondência, digitalização de documentos, organização para contabilidade, apresentações em PowerPoint, *follow-up*, serviços bancários, em cartórios e órgãos públicos (D. Zortéa Secretariado Remoto, 2021).

Com baixo investimento, o franqueado recebe toda a estrutura comercial e o *know-how*, incluindo portfólio, *site*, *e-mail*, material de divulgação, cartão de visita e treinamento para o LinkedIn. Pode atuar em *home office* com assessoria da franqueadora, dedicando seu tempo à prospecção de clientes. Há flexibilidade para ajustar o negócio às demandas dos franqueados de acordo com o nicho e a região de atuação, desde que seja mantido o padrão da marca conforme os manuais da franquia. Muitos franqueados se deram bem como Microempreendedores Individuais (MEIs), trabalhando em *home office*.

A fundadora e gestora da franquia, Deisiane Zortéa, é administradora de empresas, pedagoga empresarial e *trainer* em programação neurolinguística. Baseada em Curitiba, executa atividades administrativas, financeiras e de recursos humanos. Outras profissionais de destaque da empresa são: Sirlei Rodrigues, que é graduada em Psicologia e presta serviços administrativos, financeiros, comerciais, de atendimento ao cliente, marketing, recursos humanos e assessoria de imprensa, de forma remota ou presencial, em Curitiba e região metropolitana; Maely Biavatti, que é administradora de empresas e presta serviços nas áreas administrativa, financeira, comercial, mercadológica, de gestão e atendimento ao cliente, com atuação no Rio de Janeiro (D. Zortéa Secretariado Remoto, 2021).

Los Quadros

Em 2015, Gabriel Borges percebeu o interesse de usuários do Mercado Livre por itens para produzir quadros, tais como placas de fibra de madeira e adesivos decorativos. Assim, Gabriel teve a ideia produzir quadros decorativos de forma artesanal e, em parceria com seus irmãos Douglas e Murilo, passou a vendê-los em uma garagem alugada no Bairro Portão, em Curitiba.

Vidro, tinta, madeira e uma serra elétrica eram usados por Gabriel e Murilo na montagem dos quadros. Eles faziam as entregas dos produtos a pé ou de ônibus até Douglas entrar para a empresa, em 2016, com a intenção de expandi-la. Equipamentos foram adquiridos, e um galpão de 200 m² foi alugado no mesmo bairro para abrigar a linha de produção. Em 2017, a empresa abriu sua primeira loja em um *shopping center* de Curitiba, com um pequeno investimento inicial, recuperado ainda no primeiro mês de vendas.

A franquia é especializada em produzir e vender quadros decorativos com imagens e mensagens lúdicas, personalizados ao gosto do consumidor. Este tem liberdade para escolher a imagem, a mensagem e a moldura de sua preferência, bem como para alterar cores e inserir conteúdos, como uma fotografia e/ou uma frase. Inspiradas em tendências da decoração e até em memes da internet, as ilustrações são desenvolvidas por funcionários.

Com essa proposta de autonomia e criatividade do cliente, a Los Quadros inovou ao lançar produtos com significados próprios no mercado da decoração. São 1.600 opções de imagens e frases, 34 tipos de molduras e seis tamanhos diferentes no menu. Cada serviço tem um preço específico. *Design* próprio, corte preciso, impressão profissional e excelente acabamento são os elementos essenciais que definem a alta qualidade dos produtos. Com tecnologia *air bubble* norte-americana, a embalagem cumpre bem a função protetora, garantindo que o produto chegue ao destino em perfeitas condições. A capacidade de produção é de 10 mil quadros por mês. A logística inteligente possibilita atender à expectativa do cliente quanto à entrega.

Em 2017, já eram três unidades franqueadas, situadas em São José dos Pinhais, Joinville e Ponta Grossa. Na sequência, foram abertas unidades em Maringá, Londrina, São Paulo e Balneário Camboriú. No modelo de *franchising*, o negócio cresceu mais de 400%, o que possibilitou formar capital de giro para desenvolver o maquinário e aprimorar a marca, o *design* e a fábrica. Então, foi tomada a decisão de optar pela parceria comercial com lojas multimarcas, interrompendo-se o processo do *franchising*, o qual, no entanto, foi determinante para o salto do negócio.

Atualmente, a empresa está bem consolidada no mercado, com seis lojas próprias e nove franquias em *shopping centers*, no Paraná, em Santa Catarina e em São Paulo. Sem a opção de personalização, a Los Quadros também vende em uma loja virtual própria e em portais de parceiros, como Submarino e Americanas.com, com entrega em todo o país. As vendas *on-line* correspondem a 10% do faturamento (Chegou..., 2017; Marins, 2017).

Milk Creamery

Idealizada pelos engenheiros Pedro Henrique Portugal Ratti e Jorge Lacir Gonçalves Junior, a loja de sobremesas Milk Creamery foi inaugurada em 2017, no Bairro Portão, em Curitiba. Todos os produtos da empresa são preparados com ingredientes selecionados, muitos dos quais importados. Para desenvolvê-los, os empreendedores fizeram questão de conhecer o que havia de melhor para criar sobremesas, sorvetes e *milkshakes* diferenciados.

Entre as novidades surpreendentes está o sorvete de rolinho (*roll*), inspirado na Tailândia. Também fazem sucesso o *brownie*, o *petit gâteau* e os churros com sorvete. Para satisfazer todos os desejos dos consumidores, a Milk Creamery tem saborosas opções veganas, sem glúten e sem lactose. Tendo em vista o fato de o produto ser altamente sujeito à sazonalidade, foi desenvolvida uma alternativa: o *milkfondue* – a estrela do inverno.

Localizada em São José dos Pinhais, a fábrica tem maquinário de alta tecnologia. O processo de fabricação é muito qualificado e passa por minuciosa inspeção. Os produtos agradam pela qualidade, pela consistência, pela densidade e pelo sabor intenso, além do *design* criativo e lúdico.

A formatação do *franchising* da Milk Creamery começou em 2018, definindo-se regras de negócio, *royalties*, taxas de franquia e treinamento, com o mapeamento de todo o processo, etapa por etapa. Nesse mesmo ano, já eram três unidades franqueadas, com alto faturamento mensal. Além de lojas de médio e grande portes, a franquia tem carrinhos. Recebeu os prêmios Bom Gourmet, da *Gazeta do Povo*, e O Que Fazer Curitiba.

Em 2019, com dez unidades no Paraná e em Santa Catarina, a rede ingressou na segunda fase de seu plano estratégico de negócios. Agora, a empresa busca empreendedores identificados com a marca e seus valores. O treinamento é criterioso, transmitindo toda a técnica do processo de produção. A implantação e a gestão da franquia têm o suporte de uma consultoria especializada e atenciosa, que auxilia o lojista (Dorfman, 2019).

Ponto TV Publicidade

Fundada em 2013, a Ponto TV Publicidade é uma microfranquia especializada em estratégias de mídia *indoor*. Veicula conteúdos e anúncios em monitores instalados em ambientes de grande concentração ou fluxo de pessoas em Curitiba e região metropolitana, tais como restaurantes, academias, lotéricas, *shopping centers*, hospitais, farmácias e cartórios. Os equipamentos também são levados a eventos.

Os franqueados atuam em modelo *home-based*, que tem investimento e custo de operação baixos, considerando-se a desnecessidade de ponto comercial e de funcionários. O franqueado pode atuar como autônomo na venda e na veiculação de anúncios publicitários. Nessa ótica, o WhatsApp é muito utilizado como canal de comunicação. No valor do investimento inicial da franquia estão incluídos cinco monitores.

A empresa fornece suporte completo aos franqueados e uma equipe de desenvolvedores de anúncios. Mantém-se conectada aos franqueados remotamente, por telefone e WhatsApp, para prestar orientações e dirimir dúvidas. Realiza treinamentos presenciais e reuniões constantes com os franqueados em sua sede, em Curitiba. Com duração de dois dias, o curso inicial versa sobre prospecção de clientes, vendas e publicação de anúncios.

Com mais de cem pontos de televisores instalados e mais de 500 anunciantes ativos, a Ponto TV estima impactar 50 mil pessoas diariamente por meio da publicidade veiculada. Pretende crescer no interior do Paraná e em Santa Catarina, tendo encerrado o ano de 2019 com 20 unidades franqueadas.

A descrição do perfil do empreendedor a ser franqueado estabelece como requisitos: maioridade, disponibilidade de horário, dedicação parcial, experiência comercial, agilidade e proatividade, boa gestão do tempo e habilidade comunicacional (Azevedo, 2019; Campos, 2020).

Nanu Poke Food Bowl

Fundado em 2017, o Nanu Poke Food Bowl almeja tornar-se a maior e melhor rede de restaurantes de *poke* – um peixe cru cortado em cubos, típico da cozinha nativa havaiana. Para atingir seu objetivo, a empresa pretende ir além de servir pratos e proporcionar experiências interessantes aos seus clientes, transmitindo sensações como frescor, saúde e deslumbramento.

Por ser um alimento de fácil preparo, rápido na medida adequada entre o *gourmet* e o *fast food*, leve, *cool* e criativo, o *poke* se popularizou. É possível personalizar o *poke* escolhendo a base, uma proteína, um acompanhamento e um molho. O menu inclui entradas, saladas, porções e sobremesas. Os ingredientes são sempre frescos. As experiências são nutritivas e saudáveis. Com sete opções, os pratos prontos são visualmente impactantes e saborosos.

A franquia teve início no Brasil em 2019. Resultado do sonho de duas empreendedoras aficionadas por viagens e gastronomia, a *chef* Lis Roveda Bastos Forte e a publicitária Renata Gasparin Palermo, a primeira loja do Nanu Poke funcionou em uma cozinha alugada por meio período apenas para *delivery*. Em 2018, foi aberta a primeira loja física, que vendeu 3 mil pratos por mês no primeiro ano.

Ao investir em uma franquia consolidada em um mercado promissor, o franqueado Nanu Poke recebe todo o *know-how* de gestão para operar sua unidade, bem como o apoio necessário para garantir o padrão de qualidade do restaurante:

» auxílio para a escolha do ponto comercial conforme o perfil e a demografia do consumidor;
» orientação para a contratação de pessoas segundo o perfil, a quantidade e as formas de remuneração;

» treinamento para o franqueado e os funcionários;
» orientação sobre vendas, comunicação e marketing.

Em 2019, o Nanu Poke contava com três unidades em Curitiba: uma própria, no Bairro Ecoville, e duas franqueadas, no Park Shopping Barigui e no Pátio Batel. Também opera com *delivery* por meio de aplicativos.

Franquear sempre foi a ideia. A produção das operações é totalmente fornecida pela franqueadora e acontece na cozinha própria da rede – um espaço com expressiva identidade (Nanu Poke, 2021).

Síntese

Neste capítulo, examinamos detalhadamente os elementos que compõem uma franquia formatada. A falta de algum deles pode comprometer o sucesso da rede toda. Além disso, apresentamos marcas nacionalmente conhecidas e recentemente formatadas, cujas histórias ilustram os diferentes perfis de empresas que podem beneficiar-se desse tipo de modelo de expansão.

Questões para revisão

1) Cite ao menos cinco elementos essenciais em uma franquia formatada.
2) Comente sobre o surgimento e a evolução da franquia O Boticário.
3) A franquia de negócio formatado corresponde a um "pacote" de elementos que devem constar nas empresas franqueadas. Assinale a alternativa que apresenta um desses elementos:
    a) Produtos.
    b) Plano de marketing.
    c) Programas de treinamento.
    d) Todas as alternativas anteriores estão corretas.

4) Com relação aos elementos essenciais de uma franquia formatada, indique com V as informações verdadeiras e com F as falsas:

( ) Documentos legais que especifiquem os direitos e as responsabilidades das partes, a estratégia do negócio e as políticas operacionais.

( ) Monitoramento constante dos movimentos das concorrências direta e indireta, bem como das ameaças e das oportunidades.

( ) Sistema de controles e informações gerenciais baseado em fluxo contínuo.

( ) Eventos periódicos de congregação.

A seguir, marque a alternativa que apresenta a sequência obtida:

a) V, V, V, V.
b) V, F, F, F.
c) F, F, V, V.
d) V, F, V, F.

5) Exemplo de sucesso de franquia internacional de prestação de serviços, trata-se da sétima maior rede de franquias do Brasil, onde está estabelecida há 40 anos. Tais informações se referem a qual das empresas abordadas neste capítulo?

a) O Boticário.
b) Multicoisas.
c) Kumon.
d) DivulgaPão.

Questões para reflexão

1) Quais são os perigos de se vender uma franquia de um negócio que não dispõe de uma unidade-piloto funcionando?
2) Quais são os elementos que fazem a franquia da marca O Boticário ser um grande destaque nacional?

capí-
tulo
5

Atuando como franqueado

Conteúdos do capítulo:

» O franqueado e seu papel no sistema de *franchising*.
» Vantagens de ser um franqueado.
» O mercado de comercialização de franquias e seus meios.
» Processo de seleção de uma marca para se tornar franqueado.
» Rotina do franqueado.

Após o estudo deste capítulo, você será capaz de:

1. compreender o papel do franqueado no sistema de *franchising* e suas vantagens;
2. identificar os caminhos possíveis para encontrar a franquia certa;
3. reconhecer os pontos importantes no processo de escolha de uma marca para se tornar franqueado;
4. compreender os aspectos iniciais da rotina de um franqueado.

5.1
Vantagens de ser um franqueado

O franqueado obtém o direito de explorar uma marca conhecida, com produtos e serviços já implantados no mercado. Recebe um sistema de negócios previamente testado e bem-sucedido, com métodos de gestão e operação validados e a força de rede, o que aumenta suas chances de êxito e reduz o risco.

Sem custo para o franqueado, o treinamento compreende o gerenciamento da unidade franqueada, a transferência de *know-how* dos produtos e a transmissão de conhecimentos para as funções operacionais. O franqueado também recebe do franqueador assistência para a elaboração do plano de negócios e a seleção do ponto comercial para a instalação da loja, incluindo o projeto arquitetônico padrão com detalhamento de *layout*, mobiliário e equipamentos (Cherto et al., 2006).

Ainda, o franqueado acessa mercadorias, bens, insumos, serviços e tecnologias a custos reduzidos e em condições de pagamento vantajosas. Conta com a orientação estratégica e o suporte técnico e gerencial contínuo do franqueador, o que lhe garante apoio de consultores especialistas. Além disso, tem a oportunidade de compartilhar experiências e ideias com outros franqueados da rede, usufrui das ações de marketing e inovações desenvolvidas pelo franqueador e pode concentrar sua energia nas vendas e no relacionamento com os clientes.

5.2
Tipos de franqueados

O franqueado, como já mencionamos anteriormente, é uma pessoa física ou jurídica proprietária de uma unidade franqueada. Ele pode possuir uma ou mais franquias, sejam da mesma marca, sejam de marcas diferentes. Assim como há diversos tipos de varejo, de acordo com diferentes critérios de classificação, existem alguns tipos de franqueados com características bem diferentes. Em comum, há o fato de que eles são empreendedores que desejam reduzir as incertezas ao abrirem um negócio e se apropriarem de competências por meio do *know-how* consolidado pelo franqueador.

A seguir, vamos detalhar os quatro tipos de franqueados, começando por aquele que tem o menor capital.

Perfil *home-based*

Esse tipo de franqueado presta serviços em casa ou remotamente – na empresa ou nas casas dos clientes. Procuradas geralmente por quem quer iniciar um negócio em substituição ao antigo emprego, as franquias *home-based* são consideradas de baixo custo, pois o investimento inicial é ínfimo, assim como o custo fixo. Esse perfil de empreendedor muitas vezes utiliza os recursos do seguro-desemprego, do fundo de garantia, da rescisão do contrato de trabalho ou da venda de automóveis ou imóveis para adquirir sua franquia.

Esse é um perfil muito desejado pelas franqueadoras, pois existem milhares de empreendedores que almejam iniciar sua vida como patrões sem investir grandes quantias. Com opções que partem dos R$ 1.200, as franquias *home-based* oferecem a mesma segurança – e risco! – de uma franquia comum. Com frequência, esse tipo de franqueado faz tudo sozinho e não tem funcionário, ou seja, se ele não trabalhar, a franquia não vai faturar.

De acordo com uma pesquisa da Associação Brasileira de Franchising (ABF), 557 redes brasileiras operam com modelos de franquias de baixo custo – dos quais as unidades *home-based* fazem parte (Eduardo, 2019).

Os segmentos que mais se destacam em formatos *home-based* são: Serviços (automotivos, outros etc.); Informática; Alimentação; Saúde, Beleza e Bem-Estar; Educação e Treinamento; e Hotelaria e Turismo (Eduardo, 2019).

Perfil empreendedor/operador

É aquele que vai investir o dinheiro, mas que também vai "colocar a mão na massa" e responsabilizar-se pela operação do negócio. Geralmente, ele escolhe a franquia por ter afinidade com o segmento. Ter o dono operando a empresa no dia a dia pode fazer toda a diferença no sucesso do negócio. De fato, esse é o tipo de franqueado mais desejado pelas franqueadoras, pois muitas sabem que seu modelo de negócio precisa ter o próprio investidor como operador, já que as lojas apresentam um desempenho melhor do que aquelas operadas por um gerente com menos autonomia para as decisões do dia a dia (Ribeiro et al., 2013).

Portanto, as franqueadoras geralmente buscam pessoas que não apenas obedeçam a ordens, mas que tenham iniciativa, experiência em gestão e administração (controle de receitas, de custos etc.), bem como capacidade de expandir seu negócio sem comprometer o fluxo do caixa. Além disso, os franqueados devem conseguir gerenciar, com sua habilidade empreendedora, os pequenos riscos que o negócio apresenta localmente.

Os contratos com as franqueadoras podem, até mesmo, estipular a obrigatoriedade de o franqueado pessoa física dirigir a unidade franqueada, permanecendo nela um mínimo de horas diárias. Afinal, dirigir uma empresa é uma função bastante ampla, que pode ser executada sem que seja necessariamente preciso comparecer à loja (Maricato, 2006). As franqueadoras também podem demandar que a dedicação do franqueador à loja seja exclusiva, não permitindo que ele exerça nenhuma função em outro negócio – principalmente se tal negócio concorrer com a unidade franqueada.

Perfil investidor

É alguém que possui capital e deseja aplicá-lo na chamada *economia real*, investindo no setor de franquias. Normalmente, esse tipo de franqueado não tem tempo ou o perfil necessário para a operação do negócio. Ele escolhe a franquia não por ser o negócio de seus sonhos, mas por ter uma boa lucratividade, um prazo de retorno de investimento atrativo e uma remuneração compatível com o capital investido. Em geral, ele apenas cumpre o papel de investidor e precisa contratar um gerente operador extremamente qualificado para estar à frente do negócio. É o caso de franquias de clínicas odontológicas, por exemplo, em que o pai é o franqueado-investidor e o filho – que entende do setor por ter formação específica – assume o papel de gerente operador da unidade franqueada. Não é para todos os modelos de negócio, mas existem muitas franqueadoras que aceitam esse tipo de franqueado (Ribeiro et al., 2013).

Muitos franqueados investidores reinvestem o lucro obtido com as franquias em novas unidades franqueadas – usualmente, uma unidade da mesma rede. Por isso, é muito comum haver franqueados que têm duas, três ou mais lojas de uma mesma rede. É o que veremos a seguir.

Perfil multiunidades

É o tipo de franqueado que pretende adquirir mais de uma franquia da mesma marca (multifranqueados) ou de marcas diferentes (multimarcas). Muitas vezes, o multimarcas prefere investir no mesmo segmento, como o alimentício: Chocolates Brasil Cacau e Cacau Show ou Bob's, McDonald's e Subway. Em ambos os casos, esse perfil é de alguém detentor de uma capacidade de gestão mais complexa. É um tipo de empreendedor que sabe muito bem como funciona o papel do franqueado, entende de riscos e consegue até mesmo ter um centro administrativo para todas as suas unidades franqueadas, de onde centraliza operações de marketing, contabilidade e/ou recursos humanos.

De acordo com uma pesquisa feita pela ABF em parceria com o Grupo de Estudos de Franquias (Franstrat), da Universidade de São Paulo (USP), *campus* de Ribeirão Preto, 84% das redes pesquisadas têm em seus quadros parceiros de negócios multiunidades (ABF, 2021b).

Essa consolidação do franqueado multiunidades – cuja participação tem aumentado nos últimos anos – indica o amadurecimento do *franchising* brasileiro. As franqueadoras enxergam muitas vantagens em contar com parceiros já conhecidos. Como os multiunidades têm recursos e grande capacidade de gestão, isso facilita muito a expansão das redes e previne o fechamento de unidades.

5.3
O *Guia Oficial de Franquias ABF*

O mercado brasileiro de franquias apresenta aproximadamente 3 mil marcas, que atuam nos mais diversos segmentos, desde os tradicionais serviços educacionais e os varejos de vestuário e de alimentação até comunicação, tecnologia e produtos agropecuários.

O primeiro passo para quem quer explorar esse vasto território com o intuito de adquirir uma franquia é consultar um bom guia de oportunidades, que indique o maior número possível de negócios disponíveis no mercado. O mais completo é o *Guia Oficial de Franquias ABF*, atualizado anualmente, de consulta obrigatória para quem quer gerar negócios no segmento. Com mais de 450 páginas, a publicação reúne o cadastro completo de todas as marcas de franquias nacionais e internacionais com operação no Brasil, associadas à ABF, além do cadastro de fornecedores e consultores especializados ligados ao sistema de *franchising*. Com edições anuais, apresenta um panorama do setor com indicadores econômicos, opinião de empresários e especialistas em varejo sobre questões-chave do sistema de *franchising*.

A publicação dá acesso aos dados de investimentos das franquias e às informações sobre as marcas associadas, divididas por segmento, como número de unidades franqueadas, investimento médio, taxa de retorno, faturamento, *royalties* e todos os principais pontos que um candidato a franqueado precisa saber para decidir sobre seu investimento.

É possível também consultar o desempenho de cada segmento da ABF – Alimentação; Casa e Construção; Comunicação, Informática e Eletrônicos; Entretenimento e Lazer; Hotelaria e Turismo; Limpeza e Conservação; Moda; Saúde, Beleza e Bem-Estar; Serviços Automotivos; Serviços e Outros Negócios; e Serviços Educacionais –, com números de importantes entidades do varejo, análise econômica e opiniões de vários consultores renomados do *franchising* para ajudar a tomar decisões corretas.

Na seção "Panorama do *franchising*", a diretoria da ABF e os coordenadores de comitês da entidade sempre dão dicas para o franqueado ter êxito nos negócios.

A seção de cadastro de consultores e fornecedores está dividida nos seguintes subsegmentos: Advocacia; Arquitetura e Construção; Automação Comercial; Consultoria; Consultoria Empresarial; Contabilidade e Finanças; Gráficas e Embalagens; Logística e Distribuição; Mobiliários; Quiosques e Instalações Comerciais; Publicidade e Propaganda; Seguros; Serviços e Benefícios; Serviços Especializados; Sistema de Gestão e Produtividade; e Uniformes.

A publicação traz um índice alfabético de franquias, consultores e fornecedores e um glossário bastante útil, com códigos e expressões fundamentais no *franchising*, tais como Circular de Oferta de Franquia (COF), consultoria de campo, contrato de franquia, fundo de propaganda, *royalties*, taxa de franquia e território.

Uma das maneiras mais recomendadas para poder selecionar e comparar as informações do guia é criar filtros de pesquisa. Primeiramente, defina o setor em que mais tem interesse e estabeleça como referência os valores máximo e mínimo de capital que está disposto a investir. Estabeleça também um prazo de retorno de investimento que seja mais atraente para você.

Em seguida, selecione apenas as oportunidades de negócio que se encaixem nesses critérios e escreva em uma planilha as informações mais relevantes de cada marca de franquia, como *royalties*, data de fundação e número de unidades. Assim, é possível comparar as opções que estão no mesmo patamar de investimento inicial e prazo de retorno. É importante considerar que uma franquia com muitas unidades e que está há mais tempo no mercado demonstra estar mais consolidada no sistema de *franchising*. Este pode ser um bom critério de desempate.

5.4
A feira de franquias da ABF

Depois de consultar o *Guia Oficial de Franquias ABF*, uma das melhores maneiras de encontrar, em um só lugar, marcas dos mais diversos segmentos do *franchising* é visitar uma boa feira de franquias. França e Estados Unidos sediam alguns dos maiores eventos do setor no mundo. Na América Latina, a maior feira é a ABF Franchising Expo, realizada pela ABF em São Paulo há 27 anos. São quatro dias de evento, mais de 400 expositores, 60 mil empreendedores e mais de 90 horas de palestras gratuitas para o visitante, gerando muito conteúdo e *networking*.

Na feira o empreendedor terá a oportunidade de encontrar pessoalmente os executivos de importantes franqueadoras, esclarecer dúvidas e, depois, comparar as informações levantadas na pesquisa *in loco*.

Portanto, separe pelo menos dois dias para visitar o evento. No primeiro, o ideal é percorrer todo o pavilhão expositivo antes de decidir parar nos estandes dos expositores para obter informações. Deixe para colher os dados detalhados no segundo dia.

Recomendamos tirar fotos, pegar *folders* e anotar as informações obtidas em conversas com os executivos e representantes comerciais, para poder comparar tudo depois.

Ao visitar os estandes, é importante levar uma lista de perguntas que sejam padrão para todas as marcas de franquias que serão consultadas. O ideal é que essa lista contemple as seguintes perguntas:

- Quando a empresa foi fundada e há quanto tempo vem atuando no sistema de *franchising*?
- Qual é a estrutura organizacional para cuidar da operação de *franchising*?
- Qual é o investimento inicial?
- Existe mercado na cidade em que se pretende abrir a unidade?
- Qual é o tipo de franqueado que estão buscando?
- Quantas unidades franqueadas estão em operação atualmente?
- Quantas unidades próprias estão em funcionamento?
- Quantas unidades franqueadas fecharam nos últimos 12 meses? Quais são as causas que levaram ao fechamento?
- Quantas franquias a empresa pretende abrir nos próximos 12 meses?
- Quais são os principais riscos e desafios que o negócio apresenta para um franqueado?
- Qual é o tempo de contrato?
- O franqueador se reserva o direito de recompra da franquia ou de seus ativos?
- A empresa está ou já esteve em concordata? Alguma vez já foi requerida sua falência?
- A marca franqueada está devidamente registrada no Instituto Nacional de Propriedade Industrial (Inpi)?
- O produto é novo no mercado?
- O produto tem boa força de penetração?
- Qual é a concorrência desse mercado?
- O preço do produto é competitivo?
- Como é o abastecimento?
- Qual é o prestígio que a marca e seus produtos têm no mercado e como isso se reflete em ações de venda?

Não é aconselhável fechar negócio durante a visita à feira porque o risco de uma decisão por impulso é muito grande, dado o forte apelo de marketing que existe no evento, principalmente de grandes marcas que contratam representantes comerciais especialmente para isso.

Não é descortesia negar-se a dar seus contatos para as franqueadoras. Uma vez feito o cadastro nos expositores, você vai receber uma enxurrada de ligações e *e-mails* depois da feira. As franqueadoras também costumam perguntar aos candidatos a franqueado o quanto eles pretendem investir. Recomendamos, assim, informar um valor inferior ao pretendido ou dizer que ainda não definiu um valor mínimo de investimento. Isso dará mais margem para uma futura negociação.

Para aproveitar a feira ao máximo e ampliar seu *know-how*, assista às palestras na Arena do Conhecimento, onde são discutidos temas indispensáveis para quem quer ingressar no sistema de franquias. Lançada na edição 2017, essa arena recebe em média mais de 3 mil pessoas anualmente (ABF Franchising Expo, 2021). A programação se desenvolve em quatro espaços simultâneos, nos quais especialistas em *franchising* apresentam suas palestras. Entre os temas abordados em 2019 estavam conceitos do *franchising*, seleção de franqueados, avaliação e escolha de microfranquia, contratos de franquia e Lei do *Franchising* (ABF Franchising Expo, 2021).

Eis a importância da feira, segundo recente pesquisa de opinião (ABF Franchising Expo, 2021):

» 89% dos expositores apontam a ABF Expo como a melhor feira de empreendedorismo da América Latina;
» 93% consideram que visitar o evento é bom ou essencial para abrir seu negócio;
» 97% reforçam que vão manter ou aumentar seu orçamento para investir.

A ABF confere o Selo de Excelência em Franchising (SEF) a empresas reconhecidas pela qualidade e excelência na atuação franqueadora. O objetivo é valorizar o profissionalismo e as melhores práticas gerenciais e mercadológicas, com base em uma criteriosa pesquisa de *performance*.

5.5 Definindo os critérios de seleção

O processo de escolha de uma franquia é um trabalho árduo, que exige tempo e muita paciência. Nessa hora, o entusiasmo exagerado pode ser muito perigoso. O que ajuda a tomar uma decisão correta é definir com precisão os principais critérios de escolha. Existem os critérios gerais, comuns a todos os candidatos a franqueado, mas também os critérios específicos, únicos para cada empreendedor.

É comum o fato de muitos investidores potenciais perguntarem ao consultor qual é a melhor franquia para ser comprada. Contudo, tão importante quanto saber se o conceito é bom, se o negócio é rentável e se os resultados projetados são atraentes é o interessado verificar se tem as características de um franqueado ideal para a marca.

Sob essa ótica, de acordo com Maricato (2006, p. 84),

> O candidato a franqueado deve começar por uma autoanálise: Que vida quer ter? Quantas horas deseja trabalhar? De que atividade gosta? Que recursos possui? Que conhecimentos tem no momento ou se dispõe a adquirir? Com que tipo de público e mercado quer lidar? Saberá se relacionar bem com funcionários, sócios e clientes?

Segundo Maricato (2006), ter afinidade com o segmento ou com o modelo de negócio da franquia, por exemplo, é um dos fatores que certamente contribuem para o sucesso do negócio.

Para selecionar a franquia mais adequada ao seu perfil, é indicado atentar para as recomendações do *Guia Oficial de Franquias ABF 2004* (citado por Maricato, 2006, p. 85, grifo do original):

1) Autorreflexão para entender o que é o franchising e o funcionamento do sistema.
2) Análise de aptidões e talentos para assumir o papel de franqueado.
3) Avaliação psicológica e comportamental para identificar afinidades com a área de atuação da rede escolhida.
4) Identificação também com a operação e não apenas com o produto oferecido pela franquia.
5) Certificação de que existe respeito e desejo de todas as partes envolvidas pelo sucesso da rede.
6) Não considerar a qualidade da franquia apenas pelo sucesso da marca.
7) Avaliação de todas as características da rede, as específicas e as gerais (comuns a praticamente todas as redes).
8) Mesmo na ânsia de ingressar logo no sistema, não deixe de avaliar uma série de fatores, como fluxo de caixa e viabilidade econômica e financeira.

Antes de investir no negócio, procure identificar qual tipo de franquia atende melhor ao seu projeto. A seguir, destacamos quatro critérios fundamentais para a escolha.

Valor de investimento

Para abrir um negócio, é preciso investimento, e cada tipo de franquia requer um valor inicial. Além da taxa de uso da franquia, existem os custos com a implantação: aluguel do estabelecimento, reformas do local, compra de equipamentos, entre outros.

Afinidade com o modelo de negócio escolhido

Ter afinidade com o modelo de negócio escolhido contribui para o sucesso. Se você é uma pessoa que preza por ficar em casa com a família nos finais de semana e nos feriados, uma franquia no setor alimentício pode não ser uma boa opção.

Retorno sobre o investimento

Quanto tempo o tipo de franquia escolhido leva para dar retorno? Certamente, isso depende também de uma boa gestão, mas há alguns modelos de *franchising* que oferecem retorno mais rápido, e outros, mais demorado.

Confiabilidade da marca franqueadora

Como o setor de *franchising* é bastante promissor, também há uma grande oferta de empresas franqueadoras no mercado atual. Mas será que todas elas são confiáveis? Para ter certeza da confiabilidade da franqueadora, você pode conversar com outros franqueados e consultar, em órgãos específicos, sua situação financeira.

Independentemente de qual seja seu nicho de interesse, Cherto et al. (2006) fazem algumas recomendações que devem ser levadas em consideração na hora de escolher a franquia certa para seu perfil:

» O franqueador deve ter experiência prática no que se refere à implantação, operação e gestão do negócio.
» Essa experiência deve estar sistematizada para ser aplicada por terceiros.
» O franqueador precisa estar preparado e disposto a transferir todo o seu conhecimento por meio de programas de capacitação, manuais, guias de processos, *checklists*, consultoria de campo e processos de monitoramento desenvolvidos e implementados por profissionais qualificados.
» O conhecimento e os benefícios oferecidos ao franqueado devem ter mais valor ou menor custo do que aquilo que seria possível conseguir sem adquirir a franquia.

5.6
Aprofundando o conhecimento

Estatisticamente, investir em uma franquia oferece menos riscos do que abrir um negócio próprio independente. Mesmo assim, como todo negócio, também oferece riscos. Por isso é tão importante dedicar tempo para pesquisar as oportunidades oferecidas pelo mercado antes de fazer sua escolha.

Depois de ter analisado e selecionado as marcas de franquia que mais agradaram, transmitiram confiança e se encaixaram em seu perfil, o próximo passo é aprofundar o nível de informação. Esse processo envolve estudar a apresentação comercial da franquia, consultar material de outras fontes, como reportagens e artigos, observar e frequentar unidades já abertas, conversar com funcionários, clientes e proprietários e voltar a falar com franqueados e franqueadores.

Antes da assinatura do contrato, o candidato a franqueado tem o direito de obter o telefone de outros franqueados para uma entrevista mais detalhada para saber sobre o desempenho das unidades, o nível de satisfação com a marca e o compromisso da franqueadora em cumprir suas promessas. Esse é um critério qualitativo, e não quantitativo. Obviamente, as franqueadoras selecionam para dar informações oficiais aqueles franqueados de maior sucesso. Por essa razão, é interessante visitar outras lojas e ouvir outros franqueados antes de fechar negócio.

Nessa pesquisa, devem ser observados a aceitação e o conceito do produto e do franqueador, o mercado existente para o produto (se está em expansão ou declínio), os concorrentes, o preço (se é competitivo ou não), o acesso a matérias-primas, os pontos fortes e fracos, bem como as ameaças e as oportunidades (Maricato, 2006).

É muito importante lembrar que, mesmo que o candidato a franqueado já tenha excluído várias opções e apenas uma opção tenha sido selecionada, ele ainda não está comprometido completamente com a assinatura do contrato e o pagamento da taxa de franquia. É possível recusar até o final todas as opções. Não há problema algum com essa decisão. Isso apenas demonstra que o candidato é criterioso e está determinado a não entrar em negócios com que não se identifica ou nos quais vê um risco desnecessário.

Um caminho bastante válido para conhecer mais sobre a franquia é pesquisar o que se fala dela na internet. *Sites* nos quais os clientes colocam suas reclamações podem conter desde pontos fracos até verdadeiros escândalos da empresa que não são conhecidos. Do mesmo modo, mídias sociais como Instagram e Facebook contêm uma série de interações entre os clientes e a marca franqueadora. Nessa investigação, é possível encontrar clientes que não obtiveram respostas e, até mesmo, discussões entre clientes e a marca. Todas essas informações, em uma próxima reunião com a franqueadora, deverão ser esclarecidas, evitando-se, assim, futuras surpresas desagradáveis.

Em vários casos, as empresas franqueadoras fornecem uma planilha de projeção de resultados financeiros. É fundamental que o candidato a franqueado não aceite as informações enviadas sem analisá-las e questioná-las. Por exemplo: uma franqueadora de unidades de sorveterias não pode apresentar uma planilha de projeção financeira na qual o faturamento seja igual ou muito parecido ao longo de todos os meses, visto que, durante o verão, a demanda por sorvete é muito maior que no inverno. Além disso, deve-se verificar se foram considerados os impostos a serem pagos e a retirada de pró-labore do empresário (dependendo da operação). É muito comum franqueadoras mal estruturadas não considerarem nessa planilha de custos a necessidade de contratação de temporários ou mais funcionários em períodos de sazonalidade. Esse tipo de "esquecimento" acaba ficando na conta do franqueado. Por esse motivo, é muito importante estar atento.

Outro ponto a ser avaliado corresponde ao nível de inovação e atualização da franquia. Algumas franqueadoras começam no mercado com produtos ou serviços de vanguarda e, por esse motivo, destacam-se rapidamente. Contudo, o crescimento no mercado gera novos concorrentes, que tentam ao máximo se equiparar e até se parecer com a marca vanguardista. É nesse momento que franqueadoras que não inovam perdem mercado e se enfraquecem, enquanto franqueadoras inovadoras lançam novos produtos e serviços ou melhoram os existentes a ponto de serem claramente descoladas das demais do mesmo setor.

Na próxima fase, o candidato a franqueado precisa ser mais rigoroso com o processo de seleção e pedir para analisar a Circular de Oferta de Franquia (COF) da marca escolhida, verificando se os números e as informações são verídicos.

A COF é um dos documentos mais sérios existentes na relação entre franqueado e franqueador. Foi criado justamente para que as expectativas do futuro franqueado estejam alinhadas ao máximo antes de entrar no negócio, visto que ele tem muito mais a perder do que a marca franqueadora, caso a relação entre franqueado e franqueador reste fracassada.

Quando se vê que a COF foi plagiada de outra empresa, fica evidente o amadorismo da franqueadora em questão. Nesse caso, o documento é mal formatado e não considera uma série de particularidades do negócio.

Diante do exposto, é aconselhável que o empreendedor busque continuamente informações e conhecimentos em livros, revistas, jornais, programas, canais, *websites*, redes e *blogs* especializados. Também é indicado participar, sempre que possível, de cursos e capacitações, para ficar por dentro das tendências e inovações do mercado.

5.7 Análise da Circular de Oferta de Franquia (COF)

A COF é um documento (caderno, apostila) que a legislação em vigor no Brasil (Lei Federal n. 13.966, de 26 de dezembro de 2019) obriga o franqueador a entregar ao franqueado, mediante recibo, no mínimo dez dias antes da assinatura de um contrato ou de um pagamento relacionado à aquisição da franquia. Na COF devem constar explicações de todos os itens previstos na lei, sem exceção.

O candidato a franqueado tem direito a ficar dez dias com a COF para ler e tirar dúvidas. Durante esse prazo, o franqueador não pode exigir a assinatura do contrato. A lei instituiu esse documento para combater franqueadores irresponsáveis que se aventuravam no mercado sem qualquer respaldo ou preparo, protegendo, assim, candidatos inexperientes a franqueado (Maricato, 2006).

O franqueador deve informar que versão de circular está sendo entregue ao franqueado, identificando, preferencialmente em todas as páginas do documento, o código ou a data, para evitar questionamentos de possíveis alterações e atualizações ocorridas após a assinatura do contrato.

A COF deve conter os seguintes tópicos (Mauro, 2006):

» **Empresa franqueadora**
  » Informações: informações principais da empresa franqueadora, como razão social, endereço completo, nomes dos sócios e ano de constituição.
  » Marcas e patentes: descrição da situação atual das marcas e patentes cujo uso será autorizado pelo franqueador, com números de registros no Inpi e cópia dos documentos.

- » Pendências judiciais: listagem de todas as pendências com a Justiça em que a franqueadora esteja envolvida diretamente, com a indicação dos processos, das comarcas e das patentes franqueadas, além de falência ou concordata.
- » **Aspectos da franquia**
  - » Franquia: descrição detalhada dos aspectos do negócio, dos produtos ou serviços a serem comercializados e das atividades que serão desenvolvidas pelo franqueado.
  - » Investimento: valor efetivo do investimento necessário à aquisição, implantação e entrada em operação da franquia, prevendo-se:
    - » Pagamentos iniciais: custos que o franqueado terá no momento de aquisição da franquia, como o valor de antecipação ao fechamento do contrato a título de reserva de território ou assessoria para escolha do ponto comercial; descrição do que está incluso na taxa inicial de franquia a ser paga pelo franqueado, como treinamento inicial, despesas de marketing com a inauguração da loja e projeto arquitetônico de instalação da loja; especificação da forma de realização dos pagamentos (se serão à vista ou parcelados).
    - » Outros pagamentos: taxa de remuneração mensal da franquia (bases de cálculo, destinação e aplicação dos valores), recuperação de despesas de marketing (destinação dos valores e especificação dos propósitos envolvidos), aluguel de equipamento ou ponto comercial, seguro e outros valores devidos à franqueadora ou a terceiros por ela indicados, tais como treinamentos adicionais, auditoria e contabilidade.

» **Investimento inicial estimado:** projeção dos custos médios para iniciar a operação das unidades, como taxa de franquia, instalações, equipamentos, estoque inicial, publicidade de inauguração, capital de giro e seguros.

» **Território**
Território onde será exercida a atividade pelo franqueado e indicação de exclusividade ou preferência garantida em determinada área. Trata-se de um ponto muito importante, pois a reserva de mercado pode ser um diferencial entre uma franquia e outra.

» **Fornecimento/equipamentos**
Informação sobre a necessidade de o franqueado adquirir bens, serviços ou insumos necessários à implantação, operação ou administração da franquia.

» **Franqueado**
Identificação das características que o franqueado deve ter, traçando-se o perfil do franqueado "ideal" em termos pessoais (idade, situação financeira, experiência anterior, escolaridade etc.), bem como requisitos quanto ao envolvimento direto do franqueado na operação (se a dedicação será exclusiva e de quanto tempo o franqueado deverá dispor para se dedicar à franquia).

» **Situação do franqueado após a expiração do contrato de franquia**
Especificação das obrigações do franqueado em termos de segredo industrial (por exemplo, se será vedado o exercício de atividade concorrente à do franqueador por determinado período ou área após o término do contrato).

» **Relação franqueado-franqueador**
Descrição do que será oferecido pela franqueadora ao franqueado: tipo de supervisão da rede, serviços de orientação, treinamento, manuais de franquia, auxílio na escolha do ponto comercial, *layout* e padrões arquitetônicos das instalações.

» **Anexos**
  » Relação de franqueados, subfranqueadores e sub-franqueados atuais e ex-franqueados nos últimos 12 meses, com dados de contato.
  » Modelo do contrato-padrão ou pré-contrato-padrão.
  » Demonstrações financeiras (balanços financeiros dos dois últimos exercícios).

A COF é considerada um instrumento rigoroso e burocrático, com itens difíceis de cumprir com exatidão. Uns dos itens previstos em lei refere-se, por exemplo, à exigência de que o franqueador estipule por escrito o tempo necessário para o franqueado ter retorno do investimento. O empresário experiente sabe que não é possível prever esse prazo com exatidão. É muito comum que o empreendedor não recupere o investimento nesse período e, ainda, tenha prejuízo tentando manter a empresa aberta. Com relação a esse item, as franqueadoras normalmente são precavidas e ampliam os prazos, deixando clara a possibilidade de não haver retorno do investimento ao franqueado (Maricato, 2006).

Um dos erros mais graves por parte da franqueadora é "plagiar" uma COF de outra empresa. Isso causa prejuízos sérios à franqueadora. Por esse motivo, a construção desse documento deve ser feita impreterivelmente com o auxílio de um consultor especialista em formatação de franquias. Ele utilizará toda a sua experiência e repertório para cuidar que cada detalhe não seja esquecido (Mauro, 2006).

É comum que empresários não considerem vários aspectos em sua relação com o franqueado, o que somente um especialista em formatação de franquias, com sua experiência prática, consegue fazer. Essa negligência geralmente custa caro para a franqueadora. Franqueados que estão bem preparados para analisar a COF podem tirar proveito disso e conseguir ótimas vantagens, ou simplesmente não aderem à rede de franquias da marca por perceberem que as regras da COF são frágeis ou foram plagiadas.

5.8
Análise do contrato de franquia

O contrato de franquia – que inclui a cessão do direito de uso da marca – é o instrumento de admissão legal do franqueado à rede. Define direitos e obrigações do franqueado e do franqueador e abarca documentos secundários, como manuais, código de ética e termo de confidencialidade.

Juridicamente, o contrato de franquia pode ser definido como consensual, bilateral, oneroso e de prestações continuadas ou execução sucessiva (Maricato, 2006).

Tal contrato não pode estabelecer obrigações fora dos limites previstos na legislação em vigor e dos princípios do direito. O franqueador não pode, por exemplo, incluir uma cláusula proibindo o franqueado de processá-lo se algo sair errado, pois a Constituição Brasileira (Brasil, 1988) permite a qualquer pessoa apelar para a Justiça ao se sentir prejudicada.

Se não concordar com algumas cláusulas, o franqueado pode discuti-las com o franqueador para tentar modificá-las. Itens como taxas a serem pagas, treinamento, fornecimento de produtos e seus preços podem ser negociados, pois não alteram a natureza do contrato.

Alguns itens são obrigatórios em um contrato de franquia:

Cada contrato de franquia tem sua individualidade, que refletirá a operação e a relação específica de determinada empresa. Apesar dessa multiplicidade de opções, algumas cláusulas são sempre necessárias e obrigatórias para caracterizar o contrato de franquia, tais como as que determinam: concessão de franquia e uso da(s) marca(s); prazo e condições de renovação contratual; delimitação do território; direitos e obrigações do franqueado; programas de treinamento; serviços prestados pelo franqueador; fornecimento de produtos e equipamentos; publicidade e marketing; controle de qualidade; taxas e verbas a serem pagas pelo franqueado; instrumentos de fiscalização e controle; cessão de direitos e sua transferência; modificações no sistema; cancelamento ou rescisão contratual. (Mauro, 1994, p. 137)

Na sequência, detalharemos os itens mais importantes que devem constar nos contratos de franquia (Maricato, 2006).

Denominação do contrato

O contrato pode se denominar *contrato de franquia, contrato de cessão de direito de uso de marca* ou, ainda, *contrato de cessão de direito de uso de marca e admissão à rede de franquias*. Esse documento autoriza o franqueado a entrar na rede e explorar a marca e tudo o que ela representa. A cessão é por prazo limitado, como nos contratos de locação de imóveis. O franqueador aluga a marca (equivalente ao imóvel), recebe a taxa inicial e os *royalties* durante a locação (equivalentes ao aluguel). Ao término do contrato, o franqueado devolve a marca, assim como o locatário devolve o imóvel, conservando o bem que alugou (Maricato, 2006).

Qualificação das partes

Devem constar no contrato os dados e a razão social do franqueado e do franqueador (pessoa física ou jurídica).

Prazo e sua prorrogação

Deve-se especificar o prazo de duração do contrato, prevendo-se o que poderá ocorrer quando o contrato acabar. As partes podem acordar se o contrato será prorrogado automaticamente após o término do prazo e se será por tempo indeterminado. Podem dispor, também, que qualquer uma das partes poderá rescindir o contrato prorrogado, notificando a outra parte com certo prazo de antecedência.

Formas de rescisão e possíveis repercussões

As partes podem acordar que o contrato poderá ser encerrado a qualquer tempo por justa causa (grave infração) ou mesmo sem justa causa. A parte que desejar rescindir antes do prazo deverá notificar a outra com determinado prazo de antecedência. Podem ser estabelecidas em contrato multas fixas em caso de rescisão sem justa causa, como no caso de o franqueado fechar a loja sem motivo justificável. Quando ocorrer falta de maior gravidade com reflexos imediatos, a parte prejudicada poderá rescindir o contrato, mesmo sem fazer notificação e estando ou não a rescisão prevista em suas cláusulas. É o caso, por exemplo, de um franqueador que não entrega os produtos que o franqueado deveria vender.

Previsão de punições

Trata-se da parte do contrato em que são previstas punições caso futuramente uma das partes não cumpra suas obrigações e venha a prejudicar a parte inocente. Os contratos com esses detalhes atuam como força moral e esclarecem o que deve ser feito na hora de resolver divergências.

Cláusula *intuitu personae*

Os contratos podem ser assinados por franqueado pessoa física ou jurídica. O franqueador, muitas vezes, prefere ceder o direito a uma pessoa física ou, quando aceita uma empresa como franqueada, pode, por precaução, inserir uma cláusula *intuitu personae*, pela qual fica estabelecido que determinado sócio deve permanecer como administrador responsável pela unidade franqueada por todo o período de vigência do contrato.

Aluguel de equipamentos e locação ou sublocação de ponto comercial

Além do contrato de cessão da marca, o franqueador pode fazer constar no contrato uma cláusula para a locação de equipamentos, ponto comercial ou sublocação de lojas ou, então, elaborar um contrato de arrendamento à parte. Em qualquer caso, as condições de arrendamento devem estar em conformidade com a Lei de Locações, que proíbe, por exemplo, que o aluguel da sublocação seja superior ao da locação (Brasil, 1991).

Direitos sobre o produto e a marca

Antes das cláusulas que informam direitos e obrigações do franqueado, podem constar no contrato: qual é o produto que o franqueador detém; que direitos tem sobre ele; se sua marca é registrada ou está em processo de registro; qual é o objeto do contrato – a cessão de direitos do produto para a exploração pelo franqueado. Os planos de franquia e determinados produtos podem receber proteção legal segundo as normas de proteção da obra intelectual. Além dessas, outras podem ser aplicadas, caso franqueados e ex-franqueados se apropriem indevidamente dos segredos do franqueador e passem a usá--los sem autorização. O próprio acordo de confidencialidade faz lei entre as partes e não pode ser quebrado, sob pena de o infrator ser proibido de usar seus segredos, condenado a indenizar o prejudicado e até a pagar multas diárias.

Responsabilidade subsidiária e responsabilidade solidária

Em casos de compra, sucessão, fusão ou cisão de empresas, muitas vezes, a organização que sucede ou que é formada tem responsabilidade subsidiária ou solidária com a anterior. Juridicamente, a solidariedade existe quando vários credores ou devedores têm fortes vínculos entre si, a ponto de cada um ter de responder pelo outro. Já a responsabilidade subsidiária se dá quando o devedor principal não paga suas obrigações e alguém que tem relação com ele é chamado a saldar a dívida. Por isso, quando um empresário quer comprar uma empresa, seu ponto comercial ou seus bens, deve procurar saber quais são seus débitos – trabalhistas, previdenciários, fiscais e comerciais. No caso de franquias, a Justiça do Trabalho pode, em alguns casos, condenar franqueadores a pagar dívidas de franqueados para com seus funcionários. Por esse motivo, os franqueadores costumam selecionar muito bem seus franqueados e supervisioná-los durante o exercício do contrato, a fim de verificar se pagam corretamente salários e encargos. Costumam fazer constar em contrato que o não pagamento poderá ser considerado infração grave, com pena de rescisão.

O garantidor

O franqueador pode exigir adicionalmente um garantidor ou fiador para o cumprimento das obrigações do franqueado. Quando este é pessoa física, responde em nome próprio e com seu patrimônio particular pelas obrigações assumidas na atividade empresarial. Quando é pessoa jurídica, seu sócio pode ser o garantidor das obrigações assumidas pela empresa. O garantidor pode ser, ainda, um terceiro com bons antecedentes e proprietário de bens suficientes para arcar com os eventuais ônus (Maricato, 2006).

5.9
Vivendo a rotina de franqueado

Ao assinar um contrato de franquia, o franqueado se liga à franqueadora por um longo prazo. Até atingir a estabilidade do negócio e uma relação de plena confiança e construção com o franqueador, existe toda uma curva de aprendizado.

A seguir, apresentamos a descrição de Campora (2006) sobre o que acontece nos cinco principais momentos da vida de um franqueado.

Aprendizado

É a fase em que o franqueado está com as expectativas altas, apesar de ter um pouco de receio. Como conhece muito pouco ou nada sobre o negócio em que está entrando, está sedento por informações e conhecimento, querendo aprender tudo o mais rápido possível para se sentir minimamente seguro. Esse tende a ser um momento crítico, pois o franqueado sente que precisará provar para si e para o franqueador que fez a escolha certa. A tensão se deve ao fato de que a maior parte do capital já foi aplicada, tendo chegado a hora de fazer o negócio se desenvolver para poder receber de volta parte do que foi investido.

Quando o franqueado começa a pagar as primeiras taxas de *royalties*, passa a entender o quanto essas taxas influenciam em seu faturamento total. Somado à obrigação de ficar subordinado a determinadas regras – algumas bem rígidas –, isso pode fazer o franqueado se sentir engessado, tenso e inseguro sobre a decisão que tomou. Tais reações são naturais na relação franqueado-franqueador. Por isso é tão importante que o empreendedor tenha investido tempo na hora de pesquisar e levantar as informações sobre a franquia.

Nessa fase, o trabalho de capacitação e o acompanhamento próximo do franqueador podem favorecer o bom relacionamento entre as partes. O franqueador precisa garantir que o processo de aprendizagem seja gradual e organizado para permitir a compreensão das variáveis do negócio e a internalização dos valores da empresa.

Acomodação

O franqueador tem seus objetivos de crescimento e cobertura de mercado. Para que a operação tenha sucesso, é preciso que o franqueado esteja disposto a se comprometer 100% com essas metas. Quando o franqueado atinge suas metas pessoais em termos de resultado financeiro e reputação, há uma tendência à acomodação – muitas vezes, sem perda de qualidade, mas que o impede de buscar os objetivos mais agressivos definidos pelo franqueador. O processo de acomodação começa aos poucos, sem que o franqueado perceba claramente que pode ser revertido nessa fase inicial.

É importante que o franqueador use ferramentas como *rankings*, pesquisas e equipe de campo para acompanhar a rede e medir a acomodação, a tempo de revertê-la. Para isso, é importante usar estratégias para renovar o interesse do franqueado, como novos planos de metas, abertura de novas unidades, capacitação em empreendedorismo, acompanhamento próximo pela equipe de campo e, até mesmo, sanções pela redução de *performance*.

Quando esse acompanhamento não é feito, o risco é que a rede perca oportunidades de mercado e abra espaço para a evolução de concorrentes, fazendo com que o negócio do franqueado deixe de ter a atratividade de antes.

O franqueado tende a acreditar que a situação é uma responsabilidade do franqueador e, mesmo que a situação se reverta, a relação dos dois tende a ficar estremecida. Por isso é sempre melhor prevenir do que remediar. No entanto, há aqueles franqueados que, mesmo com acompanhamento e incentivos, não vão reagir e demonstrar interesse, pois acabaram deixando o negócio em segundo plano em sua vida. Essa situação pode levar o franqueador a adotar quatro medidas:

» avaliar um plano de sucessão;
» transferir parte das responsabilidades para um bom gestor profissional;

» trocar o franqueado;
» instalar novas unidades na mesma área.

Questionamento

Nem sempre há concordância na relação franqueado-franqueador, e isso é muito natural. É bastante comum que, a certa altura, o franqueado olhe para sua franquia diferente da maneira como o franqueador enxerga o negócio. Buscando atingir um resultado melhor, o franqueado começa a questionar certas regras e restrições impostas pelo franqueador.

Em geral, esse momento de questionamento surge após a fase de aprendizado, quando o franqueado acredita ter aprendido o que era necessário e passa a ter um olhar mais crítico em relação à operação do franqueador. Nessa fase, o franqueado está mais comprometido com o negócio e tende a visualizar melhor os pontos que precisam de melhoria e os erros operacionais do franqueador.

Tais restrições às operações locais, impostas pelo franqueador, existem para garantir a unicidade da rede, a padronização e a imagem para os clientes. Afinal, as diferenciações entre as unidades podem reduzir a imagem de rede e o valor da franquia e, no longo prazo, levar à perda de negócios para boa parte da rede.

Para que o franqueador saiba lidar com essas situações, Campora (2006) sugere:

» saber ouvir o franqueado;
» responder a todo e qualquer questionamento o mais rápido possível;
» responder de forma lógica e profissional.

Dúvidas

Aqueles franqueados que enfrentaram períodos críticos de muito questionamento e insatisfação acabam tendo dúvidas sobre a validade de continuar ou não pertencendo à rede.

Os franqueados que geralmente têm posição de liderança e um perfil mais proativo e empreendedor visualizam os movimentos da concorrência, sentem a necessidade de mudanças e, muitas vezes, veem-se engessados pelas regras do sistema de franquias.

Nessa fase, começa a surgir um conflito na mente do franqueado: continuar ligado à rede e usufruir de sua segurança ou optar pela liberdade fora do sistema. Isso pode levá-lo a testar as regras para avaliar a eficácia do modelo de franquias e, ao mesmo tempo, criar métodos próprios de trabalho, mais eficazes que os estabelecidos pelo franqueador.

Esse conflito pode resultar em queda de resultados para o franqueado e, para o franqueador, redução de qualidade de operação da rede, quebras de contratos e até perda de franqueados. Isso porque franqueados insatisfeitos por longos períodos aumentam o potencial de conflitos e podem afetar a reputação da rede, podendo contaminar os demais franqueados.

Nessa ótica, o franqueador precisa acompanhar esse processo de perto, orientando seus franqueados a direcionar esforços e competências pessoais para melhorar os resultados dentro das regras do sistema de franquia, ou podem aproveitar essa situação de insatisfação para ouvir as sugestões de melhoria para a operação e desenvolver formas de manter a atratividade do negócio no longo prazo. Na maior parte dos casos, essa fase de dúvidas pode ser revertida em um comprometimento maior com o modelo de negócio do franqueador.

Construção conjunta

Os franqueados que passam pelas fases de aprendizado, acomodação, questionamento e dúvida geralmente tendem a estabilizar sua situação na rede, entrando em um período de construção conjunta com o franqueador.

Ter vivenciado essas fases ajuda o franqueado a criar uma relação de confiança com o franqueador, passando a perceber que, apesar das dificuldades no dia a dia do negócio, é possível evoluir em parceria, buscando-se novos objetivos em comum.

Nessa etapa, o franqueado deixa de questionar a autoridade do franqueador e passa a participar de forma mais ativa da construção e da evolução do modelo de negócios. Ferramentas como conselhos de franqueados, programas de sugestões e projetos que envolvam toda a rede são formas de aproveitar melhor as oportunidades dessa fase de construção.

Entretanto, nem sempre o que é melhor para cada uma das unidades é a melhor solução para a rede como um todo. O perigo dessa fase é justamente o franqueador permitir que a rede tome as decisões que deveriam ser de sua responsabilidade, afastando-se do que é ideal para o modelo de negócios. Além disso, sistemas de gestão altamente participativos apresentam dificuldades em situações que demandam rapidez e flexibilidade nas decisões. Nesse caso, o risco é o franqueador perder a oportunidade de agir rápido em situações de mudanças bruscas de mercado e da economia.

Confiança, compreensão, espírito de parceria, transparência, profissionalismo e diálogo compõem a seiva que nutre o relacionamento entre o franqueador e o franqueado.

Síntese

Neste capítulo, analisamos as vantagens de ser um franqueado, tais como a força da marca, a tecnologia já desenvolvida, o negócio já testado e a diluição de alguns custos de gestão pelo poder de negociação com fornecedores. Além disso, descrevemos os vários tipos de franqueados existentes no setor, contemplando desde os *home-based* até as multiunidades.

Também apresentamos os caminhos para se conhecer o mercado de franquias e, por fim, revelamos como se caracterizam o processo de seleção de uma franquia e a rotina de um franqueado.

Questões para revisão

1) Quais são os principais critérios que devem ser levados em conta na hora da escolha de uma franquia?
2) O que significa o *intuitu personae* em um contrato de franquia?
3) Avalie as assertivas a seguir e marque V para as verdadeiras e F para as falsas em relação às vantagens de se tornar um franqueado:

( ) Adquire-se o direito de explorar uma marca conhecida.
( ) Recebe-se um sistema de negócios previamente testado e bem-sucedido.
( ) Faz-se necessário criar novos modelos de gestão e operação.
( ) O franqueado tem direito de receber assistência para a elaboração do plano de negócios.

A seguir, indique a alternativa que apresenta a sequência obtida:

a) V, V, F, V.
b) F, F, V, V.
c) V, F, F, V.
d) V, V, V, F.

4) Como se caracteriza o perfil do franqueado multiunidades?

a) O franqueado multiunidades investe o dinheiro, mas também "coloca a mão na massa" e se responsabiliza pela operação do negócio.
b) O franqueado multiunidades presta serviços em casa ou remotamente.
c) O franqueado multiunidades pretende adquirir mais de uma franquia da mesma marca ou de marcas diferentes.
d) O franqueado multiunidades possui capital e deseja aplicá-lo na chamada *economia real*.

5) Marque a alternativa que **não** representa um dos critérios a serem considerados na hora de escolher um negócio de franquia:

a) Valor de investimento.
b) Afinidade com o modelo de negócio escolhido.
c) Necessidade de ser uma franquia multiunidades.
d) Retorno sobre o investimento.

Questões para reflexão

1) Quais são as razões que podem levar o empreendedor a decidir não comprar a franquia de determinada marca?
2) Por que a compra de uma franquia por impulso pode ser um péssimo negócio?

capí-
tulo
6

Formatando sua franquia

Conteúdos do capítulo:

- » Vantagens de ser um franqueador.
- » Análise da franqueabilidade de um negócio.
- » Processo de formatação de uma franquia.
- » Principais elementos de uma franquia.
- » Fatores de sucesso de uma franquia.
- » Papel do consultor de formatação de franquias.

> Após o estudo deste capítulo, você será capaz de:

1. compreender as vantagens das empresas que decidem franquear seu negócio;
2. identificar como acontece o processo de formatação de uma franquia;
3. entender por que algumas franquias são bem formatadas e outras não;
4. conscientizar-se do papel indispensável do consultor especialista em *franchising*.

6.1 Vantagens de ser um franqueador

Como já comentamos neste livro, o *franchising* é baseado na concessão de direito de uso de uma marca por parte de uma empresa proprietária (franqueadora) para que o investidor (franqueado) possa replicar em outras localidades um formato de negócio reconhecido e bem-sucedido. Esse negócio pode ser um serviço, um produto ou até mesmo um conceito.

É natural que as empresas que desejam expandir seus negócios, ampliando sua atuação no mercado e oferecendo seus produtos e serviços a um número maior de consumidores, se interessem pelo *franchising* como modelo de negócio. Afinal, é uma forma de obter ganhos de escala, aumentando a exposição da marca, com a vantagem de valer-se do capital, da competência e do conhecimento do mercado local de terceiros – no caso, os franqueados.

A vantagem do *franchising* está no fato de o investimento nas unidades ser realizado pelo franqueado – um terceiro, que não faz parte da empresa franqueadora. A opção por essa modalidade permite expandir um conceito sem descapitalizar a empresa franqueadora, garantindo uma boa cobertura de mercado, com baixa necessidade de investimento e em um prazo menor do que se a empresa fosse realizar os investimentos com recursos próprios. O investimento da franqueadora se restringe à preparação e à organização do modelo de franquias – um investimento relativamente reduzido em relação ao necessário para montar e operar diversos negócios ao mesmo tempo (Cherto et al., 2006).

Cherto et al. (2006) também ressaltam que a empresa franqueadora tem a vantagem de reduzir riscos. Todo novo negócio traz incertezas e riscos para o empreendedor, mas, no modelo de franquias, a empresa franqueadora divide esses riscos com o franqueado. A franqueadora tem seus privilégios: com a proteção do baixo investimento por unidade e de uma lucratividade relativamente segura, ela terceiriza o investimento e os riscos para o franqueado. É claro que, para o sistema dar certo, a relação franqueado-franqueador precisa ser de ganha-ganha. Por isso, para que a operação tenha sucesso, é importante que os riscos assumidos pelo franqueado sejam calculados e acompanhados de perto pela franqueadora.

A seguir, na Figura 6.1, apresentamos os elementos que compõem o processo de formatação de franquias.

Figura 6.1 – Entrada e saída do processo de formatação de franquias

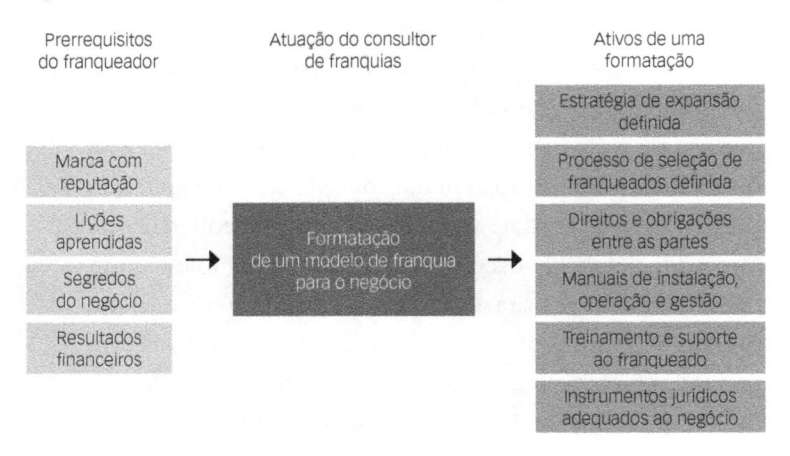

Prerrequisitos do franqueador	Atuação do consultor de franquias	Ativos de uma formatação
Marca com reputação	Formatação de um modelo de franquia para o negócio	Estratégia de expansão definida
Lições aprendidas		Processo de seleção de franqueados definida
Segredos do negócio		Direitos e obrigações entre as partes
Resultados financeiros		Manuais de instalação, operação e gestão
		Treinamento e suporte ao franqueado
		Instrumentos jurídicos adequados ao negócio

Para o novo empreendedor que adere à rede de franquias, as vantagens estão no acesso a um conhecimento prévio por parte do franqueador e às facilidades proporcionadas pela licença de uso de uma marca consolidada (Melo; Andreassi, 2012). O empreendedor busca encurtar, com isso, o período de aprendizagem, diminuindo sua exposição a riscos inerentes à atividade.

Na sequência, apresentamos um resumo das principais vantagens do *franchising* em relação à expansão convencional de um negócio.

Baixo custo

Ao se tornar um franqueador, é possível expandir um negócio investindo pouco. Para a abertura das novas unidades, são os franqueadores que vão arcar com os seguintes custos:

» compra ou aluguel do imóvel para a instalação da unidade;
» reforma do prédio para adaptar a arquitetura à identidade da marca;
» compra dos equipamentos necessários para a prestação do serviço.

Agilidade

Empreendedores que desenvolvem algo inovador temem que outra pessoa roube suas ideias. Considerando-se que ampliar um negócio com unidades próprias requer tempo, o *franchising* é uma boa opção para quem pretende assumir a liderança no mercado antes que outros investidores ingressem nesse espaço. Isso é possível porque os franqueados executam a maior parte das ações.

Compartilhamento de responsabilidades

Muitos empresários enfrentam dificuldades para encontrar bons gestores para suas unidades. É comum gastarem meses procurando e treinando novos gerentes para, logo depois, perdê-los para a concorrência. Além disso, por serem funcionários, esses profissionais muitas vezes não se comprometem de fato com o negócio. Já no *franchising*, o responsável pela gestão da unidade é o próprio dono, o que faz toda a diferença no bom desempenho da unidade. Há compromisso de longo prazo, gestão mais eficiente, melhoria na qualidade operacional, maior comprometimento com a inovação, maior cuidado e atenção para com custos e despesas e maior geração de receita em relação a gerentes.

Equipe compacta

A modelagem de franquia possibilita a operação do negócio com uma equipe compacta e coesa. Em termos gerenciais, a franquia também oferece vantagens, pois o franqueador não é o responsável pela gestão de aspectos do dia a dia das unidades, como contratação, salários e investimentos. Ao eliminar essas tarefas, o *franchising* permite ao franqueador direcionar seus esforços para outros assuntos.

Redução de riscos

No *franchising*, o risco para o franqueador é substancialmente reduzido, pois o franqueado se responsabiliza pelo investimento na própria unidade – materiais, equipamentos, locações de equipamentos, veículos e recursos humanos – e pelo capital de giro necessário para implantar e consolidar o negócio. Franqueadores podem crescer para centenas ou mesmo milhares de unidades, com um investimento limitado e sem gastar o próprio capital na expansão da rede.

Mentoria ABF

A Associação Brasileira de Franchising (ABF) mantém um programa de mentoria – um processo de educação e transmissão de conhecimentos destinado a todos os associados franqueadores da ABF de qualquer categoria ou ao executivo principal que tenha completado o Programa de Capacitação em *Franchising*. Para candidatos que ainda não completaram, a ABF concede 50% de desconto. Cada mentorado participa de duas sessões de mentoria coletiva, em pequenos grupos, e de uma mentoria individual sobre dez temas diferentes.

Mais de 50 mentores especialistas em diversas áreas e mercados estão disponíveis para trabalhar os temas conforme a necessidade do mentorado:

» planejamento financeiro da franqueadora;
» plano de expansão;
» venda de franquia;
» suporte operacional;
» manuais e programas de treinamento;
» aspectos jurídicos – documentação, prevenção e resolução de conflitos;
» gestão do relacionamento com a rede;
» planejamento de marketing, criação e manutenção de fundo de propaganda;

» inovação colaborativa – conceituação, fundamentação, gestão e sustentabilidade do negócio;
» gestão de negócios.

6.2
Análise de franqueabilidade

Para um empreendedor conseguir franquear seu negócio, ele precisa atender a pelo menos cinco critérios.

O primeiro é saber se a marca não está com a reputação manchada. A marca pode até ser desconhecida, o que não é necessariamente um problema, mas ela não pode estar com a imagem desgastada no mercado.

O segundo ponto é verificar se o negócio já instalado em determinada rua, bairro e cidade poderia funcionar adequadamente em outra rua, bairro ou cidade. Se sim, há boas chances de replicar o modelo de negócios em outros locais porque existe potencial de mercado para isso.

O terceiro ponto diz respeito à possibilidade de ensinar a outras pessoas o que é feito em determinado negócio. Outro empreendedor poderia montar esta loja em outro lugar e gerenciar o negócio com seu *know-how*? Se sim, um consultor poderia ajudá-lo a montar manuais para todos os processos e melhorá-los.

O quarto ponto, que é fundamental para aderir ao sistema de franquias, é verificar se o negócio dá dinheiro. Se o negócio não é rentável nem para o empreendedor, ele não pode querer franqueá-lo para outra pessoa.

O quinto e último critério refere-se à capacidade de fornecer produtos para franqueados ou à existência de fornecedores que possam abastecê-los.

Se o empreendedor conseguir atender a todos esses prerrequisitos, ele tem as condições mínimas de transformar seu negócio em uma rede de franquias. O nível de competitividade dessa franquia pode variar bastante, o que deve ser avaliado de perto pelo consultor que franqueará o negócio.

O *franchising* é um sistema complexo de estruturar e gerir. Por essas e outras razões, não é uma solução para qualquer empresa. Só valerá a pena aderir ao modelo se for pelos motivos corretos. Caso contrário, é melhor investigar outras opções mais simples para expandir uma marca (Cherto et al., 2006).

A seguir, veremos dez bons motivos para franquear um negócio, de acordo com Campora (2006).

1. Ter interesse em crescer e expandir os negócios

Essa é a principal razão, já que o *franchising* é um modelo de negócios baseado na expansão de um conceito. Trata-se de uma boa opção para quem deseja crescer, aumentando sua cobertura de mercado e oferecendo produtos e serviços a um número maior de consumidores. No entanto, há empresas que não buscam no *franchising* uma forma de expansão, e sim uma maneira de terceirizar operações próprias de baixa lucratividade ou conseguir rentabilizar operações que são inviáveis pelos altos custos de operações próprias. Ter a terceirização como única razão para entrar no *franchising* pode dificultar a implantação do modelo e a obtenção de sucesso no longo prazo.

2. Diminuir a exposição da empresa, reduzindo o capital próprio empregado em uma operação

Como o investimento nas unidades é feito por terceiros, ou seja, pelos franqueados, a opção pelo *franchising* possibilita a expansão de um conceito sem descapitalizar a empresa franqueadora. O investimento da franqueadora se limita à organização do modelo de franquias, que representa uma aplicação de capital menor em relação ao aporte necessário para montar e operar diversos negócios em paralelo. Isso permite ter uma boa cobertura de mercado em um prazo relativamente reduzido, se comparado ao tempo necessário para a empresa franqueadora realizar todos os investimentos com recursos próprios. A franqueadora tem a vantagem de manter sua lucratividade relativamente segura, enquanto o franqueado é quem assume o investimento e os riscos do negócio local.

3. Manter um gestor comprometido à frente do negócio

Muitos negócios dependem bastante de certos fatores para terem sucesso, como adaptação a características locais, relacionamento interpessoal, contato direto com clientes, gestão eficiente de pessoas e de processos internos, entre outros. São negócios que exigem gestores altamente qualificados e comprometidos. Garantir isso com uma equipe de gestores que sejam funcionários da empresa, com remuneração fixa e sem participação nos resultados, pode ser uma tarefa difícil. Além disso, alguns negócios não têm condições de arcar com os custos de um gestor de alto nível. Diante disso, a franquia é uma forma de evitar esses problemas, já que o franqueado é o dono do próprio negócio e, por isso, é mais comprometido com os resultados, o que aumenta o potencial de sucesso. Como o franqueado é um empresário, e não um gestor contratado, os encargos trabalhistas são reduzidos, ampliando-se a margem de lucro com a operação.

Para Campora (2006), a principal razão para uma empresa decidir expandir-se pelo modelo de franquias deve ser mais a necessidade de comprometimento e qualificação dos gestores do que o ganho financeiro direto possível na operação. O autor destaca os tipos de negócios mais indicados para a adesão ao sistema de franquias.

» **Operações altamente complexas**: com grande número de funcionários, que exigem o funcionamento de diversos departamentos e um corpo gerencial completo de alto nível, essas operações são menos interessantes como franquias. A complexidade da operação reduz o comprometimento do gestor e os ganhos financeiros estruturais, diminuindo as vantagens do modelo de franquias.

» **Operações de complexidade muito baixa:** altamente padronizadas, também não são interessantes para o modelo de franquias. O controle sobre processos e padrões é suficiente para eliminar a alta importância da qualificação e do comprometimento do gestor.

» **Operações intermediárias:** com estrutura relativamente reduzida, com processos, mas com necessidade de ajustes locais, motivação e comprometimento, essas operações são as mais indicadas para o modelo de franquias.

4. Fortalecer a marca

O sistema de franquias permite que a marca da empresa se torne visível aos consumidores em locais onde há um bom nível de qualidade de interação com o público. A aproximação entre a marca e o cliente amplia sua exposição, seu valor e sua percepção de qualidade. Os próprios pontos são usados para disseminar o conceito e o conhecimento dos produtos, substituindo muitas vezes os investimentos em marketing. Por isso, a escolha dos locais onde o negócio será implantado e da forma de interação com o público é fator determinante para o sucesso da operação. Franquias bem posicionadas e bem geridas podem também alavancar as vendas por meio de outros canais, como *e-commerce*, lojas não exclusivas, telemarketing, TV e grandes varejistas.

5. Obter ganho de escala com fornecedores

Certos tipos de negócio dependem diretamente da escala de produção e da negociação com fornecedores para obterem resultado. São empresas que conseguem reduzir custos e aumentar a lucratividade quando ampliam o volume de negócios.

Para esses casos, o ingresso no sistema de franquias muitas vezes é a via para se chegar a esse objetivo.

O ganho de escala tem papel fundamental no sucesso de uma rede de franquias (escala de produção, negociação com fornecedores, marca, propaganda etc.).

O ponto-chave para essas operações é conseguir alcançar um crescimento rápido até atingir a massa crítica desejada para reduzir custos e aumentar a competitividade. A dificuldade, segundo Campora (2006), é a gestão da qualidade de operação em uma rede com perfil de crescimento rápido.

6. Ter controle sobre a rede

A experiência de consumo, isto é, a forma como as marcas, os produtos e os serviços interagem com seus consumidores, tem ganho cada vez mais importância no mundo dos negócios. Isso porque adotar um padrão de qualidade na interação com o público garante a otimização das vendas. Nesses casos, o *franchising* é uma opção interessante, já que o modelo de negócios é baseado no controle sobre as operações. Ou seja, uma operação bem estruturada assegura que se estabeleça uma forma única de acesso ao mercado, baseada nas práticas testadas e desenvolvidas pela franqueadora.

Campora (2006) ainda afirma que também nos casos em que o diferencial do negócio são os processos internos bem formatados e organizados – como empresas de *fast food* e indústrias –, o *franchising* é indicado, uma vez que permite a obtenção de maior lucratividade por meio da excelência operacional.

7. Criar barreiras para a concorrência

O sistema de franquias exige exclusividade por parte das franquias, o que impede que o empresário migre para a concorrência por um prazo específico. Erguer barreiras para a penetração de concorrentes é especialmente importante em situações em que a empresa é a primeira em determinado mercado, mas sabe que surgirão concorrentes semelhantes com o tempo, reduzindo seu diferencial e abocanhando parte de sua fatia. Seguindo-se essa lógica, quanto maior for a cobertura de mercado conseguida por meio das franquias, mais difícil será a entrada dos concorrentes e mais fácil será tomar medidas protecionistas, conforme indica Campora (2006).

8. Ganhar segurança de longo prazo

O relacionamento entre franqueador e franqueado geralmente é de longo prazo, com contratos de cinco anos em média, podendo ser renovados sucessivamente por décadas. Alguns contratos preveem restrições de concorrência direta do franqueado mesmo após o término da vigência do contrato, o que cria uma proteção extra de mercado para a franqueadora. Isso permite uma tranquilidade maior para a empresa franqueadora, que trabalha com planejamento de longo prazo, garantindo um bom nível de estabilidade para ela e para a rede como um todo (Campora, 2006).

9. Superar a dificuldade de gestão a distância

O *franchising* é uma boa opção até mesmo para aquelas empresas que, embora desenvolvam operações interessantes e lucrativas, têm dificuldades para sair de sua área de atuação. O modelo de franquias é especialmente indicado para operações em regiões que tenham características culturais bem diferentes ou em outros países. Ainda de acordo com Campora (2006), isso se aplica principalmente quando há dificuldade na delegação de tarefas e autonomia, aumento de custos de gestão de operações a distância, necessidade de ajustes a características locais, adaptação à legislação local, baixa lucratividade em comparação com as operações existentes, riscos na operação a distância e bairrismo existente na região.

10. Obter retorno sobre o investimento

Não há operação de *franchising* que faça sentido sem que seja capaz de fazer retornar o investimento realizado na construção do modelo. A forma de medir esse retorno varia de acordo com os interesses da empresa. Vejamos alguns exemplos, segundo Campora (2006, p. 62):

» **Retorno financeiro direto**: é o modelo mais comum, no qual a operação de *franchising* deve retornar o capital investido por meio dos resultados da própria operação.

» **Retorno em imagem de marca**: algumas empresas têm por objetivo maior a capacidade de as franquias construírem uma marca de alto valor. Nesse caso, buscam formas de ganho financeiro baseadas na valorização da marca.

» **Retorno mediante vendas em outros canais**: os ganhos são obtidos por meio da valorização da marca pelos consumidores, ampliando-se o poder da empresa nos demais canais (lojas não exclusivas, varejo tradicional, telemarketing, *e-commerce*).

» **Retorno social da rede**: no caso de franquias sociais, o objetivo principal não é a lucratividade direta da operação. Parte do retorno é medida pelos resultados sociais proporcionados pela rede, como a redução de poluição ambiental ou o aumento do nível de alfabetização, por exemplo.

6.3 Processo de formatação de uma rede de franquias

Quando falamos de franquias como modelo de negócios, este necessariamente envolve a replicação de uma operação bem-sucedida para outros locais e por terceiros (gestores e operadores). O trabalho de formatação de uma rede de franquias consiste em analisar a maneira como o negócio deve funcionar no dia a dia e compreende as etapas descritas na sequência.

Avaliação da viabilidade

A primeira etapa do processo envolve a avaliação da viabilidade de se franquear o negócio, momento no qual se verifica se o empreendimento atende a todos aqueles prerrequisitos mencionados anteriormente:

» marca com boa reputação ou reconhecida no mercado;
» chances de replicar o modelo de negócios em outros locais;
» condições de repassar o *know-how* para outros empresários;
» capacidade do negócio de gerar lucro;
» capacidade de fornecer produtos e serviços para os franqueados ou de dispor de fornecedores que o façam.

Elaboração do plano de negócios

Em uma segunda etapa, é feito o plano de negócios do franqueado, com previsão de todos os investimentos necessários para colocar a unidade franqueada em funcionamento, considerando-se o levantamento de todos os custos fixos e variáveis, a previsão de receita e a projeção de resultados. Nesse estudo, deve-se sempre considerar a sazonalidade do negócio. Uma unidade franqueada de pijamas e *lingeries* inaugurada no começo do ano, por exemplo, aproveitará no mesmo ano as receitas obtidas no Dia das Mães e no Natal. Porém, se o franqueado montar o negócio em agosto, só faturará com o Natal. Isso interfere completamente na previsão de resultados. Com base no retorno sobre o investimento, é possível verificar o quão atrativo é o negócio nessas condições.

Delimitação de mercado

No processo de formatação da rede, é preciso delimitar o mercado, ou seja, projetar quais são os bairros, as cidades e os estados para onde a franquia poderia expandir-se, com base no tipo de cliente que se quer atender, na densidade demográfica, na renda etc.

Definição do perfil do franqueado

No processo de formatação, é definido o tipo de franqueado ideal (operador ou investidor), suas características comportamentais, técnicas, capacidade financeira etc. Em tal quesito, também se configura como se dará o processo de seleção de franqueados: se haverá ou não algum tipo de prova, como será a entrevista e quais serão os critérios de escolha.

Produção de manuais

O trabalho de formatação de uma rede de franquias envolve necessariamente a criação de todos os manuais: de implantação, de operação e de gestão da franquia. Eles permitem repassar de forma organizada aos franqueados e a seus funcionários as informações sobre todo o funcionamento do negócio, abrangendo a montagem da unidade franqueada, o passo a passo de cada tarefa, as ferramentas empregadas, o perfil das pessoas que executam as atividades, a forma de atender os clientes, a maneira de organizar os estoques, o acompanhamento do desempenho do negócio etc.

Os manuais são importantes ferramentas para a manutenção dos padrões da operação do negócio, garantindo que os processos ocorrerão sempre da mesma forma, dentro de ambientes e situações previstas de tal modo que o negócio possa ser plenamente replicado.

Desenvolvimento de treinamentos

Os treinamentos são ferramentas efetivas de transmissão de *know-how*, que servirão para difundir os padrões da franquia, bem como para alinhar e envolver as pessoas em torno de um senso comum.

Existem três tipos de treinamento:

» **Treinamento inicial**: destinado a preparar o franqueado e sua equipe para iniciarem a operação do negócio.

» **Treinamento de manutenção**: reciclagem necessária que ajuda a manter os padrões difundidos e implantados nas franquias.

» **Treinamento específico**: ação pontual para atender a necessidades específicas de uma rede de franquias.

Elaboração da Circular de Oferta de Franquia (COF)

A construção desse documento, obrigatório por lei, deve ser feita com o auxílio de um consultor especialista em formatação de franquias, com experiência e repertório para considerar todas as regras e detalhes que envolvem o negócio. Como já informamos, a COF deve conter:

» todos os dados da empresa franqueadora;
» descrição detalhada dos aspectos do negócio;
» especificação da relação franqueado-franqueador;
» anexos.

Elaboração do contrato

Trata-se de uma etapa crucial da formatação, pois o contrato – instrumento de admissão legal do franqueado à rede – estabelece regras, direitos e obrigações das partes e abrange documentos secundários, como manuais, código de ética e termo de confidencialidade. Como já vimos, deve conter obrigatoriamente os elementos essenciais descritos no tópico referente à análise do contrato de franquia.

Definição do cronograma

Por fim, é preciso definir o cronograma de lançamento e de expansão das unidades franqueadas.

6.4
Erros no processo de formatação

Apesar de a formatação de uma franquia ter como objetivo o sucesso de um grupo de empresários, há um sério risco quando alguns erros são cometidos por aquele que decide franquear o negócio. Vejamos a seguir os principais equívocos a serem evitados.

Formatação de um negócio não franqueável

Não existe erro maior do que formatar a franquia de um modelo de negócios no qual nem mesmo o empresário gera receita. Em alguns casos, empreendedores tentam usar franquias para testar ideias. Para eles, trata-se de uma grande oportunidade, mas, para o franqueado que busca segurança, se as expectativas não forem esclarecidas, a frustração poderá ser muito grande.

Formatação falsa

É comum existirem pessoas interessadas em negócios que estão dando muito certo, mas que ainda não formataram seu sistema de franquia. Nesse contexto, em razão do assédio e da ganância do empresário, ele vende algo que não tem, mas diz que tem: um sistema de franquia formatado. Para fingir que tem, faz o que ele chama de "contrato de franquia" com o interessado, sem ter realizado toda a formatação. A consequência é que ele está correndo um grande risco de passar o *know-how* e o direito de uso da marca para alguém que poderá simplesmente cancelar o contrato e levar todo o conhecimento consigo para tornar-se concorrente. Além disso, este poderá alegar que o suposto franqueador, na realidade, não respeitou os requisitos estabelecidos pela Lei de Franquias e vendeu algo que não se caracteriza como tal.

Venda de franquias sem processo de seleção

A expectativa de vender a primeira unidade franqueada é algo que costuma gerar ansiedade no franqueador. Ele não vê a hora de recuperar o dinheiro e o tempo investidos na formatação. Assim, alguns empresários simplesmente vendem para o primeiro interessado que aparece com dinheiro, sem verificar se ele realmente tem perfil para o negócio. Em alguns casos, quando a formatação é bem-feita, o risco é minimizado pelo suporte e pelo treinamento. Contudo, em outros casos, a primeira unidade franqueada já apresenta problemas de resultado e de relacionamento entre as partes, pelo fato de o franqueado não ter perfil para o negócio.

Excesso de regras e engessamento de processos

Um sistema de franquias que está começando é como um filhote recém-nascido que, apesar de saudável, precisa de muito cuidado para se desenvolver. Cada dificuldade é uma novidade. Muitas coisas são aprendidas durante a operação da primeira ou das primeiras unidades. Por esse motivo, o excesso de regras para uma rede de franquias que está nascendo só atrapalha sua expansão. É fundamental que existam processos e padrões, mas a flexibilidade no começo é importantíssima, até para que se construam inovações.

6.5
Planejando a expansão potencial

A expansão da rede é a essência do *franchising*. Como indica o título deste livro, "multiplicar é preciso".

Existem algumas premissas básicas para estruturar um bom plano de expansão. Como mencionado nos tópicos anteriores, é preciso ter uma marca com imagem forte e boa reputação. Além disso, o conhecimento do público-alvo, da concorrência, do porte da franquia e da capacidade de atendimento à rede balizará a estratégia de cobertura de mercado.

Segundo Fernando Campora (2006), o planejamento de expansão de uma rede de franquias corresponde à definição clara das áreas onde é possível implantar uma franquia e à determinação do momento ideal para cobrir cada uma dessas áreas.

Antes de iniciar esse processo, é necessário que já tenham sido realizadas a avaliação de franqueabilidade e a definição do modelo de negócios, do modelo financeiro da franquia e do modelo de gestão da rede de franquias.

O desenvolvimento do modelo de expansão é baseado nas decisões sobre os tópicos comentados a seguir.

Definição de áreas com potencial para a abertura de unidades

O primeiro passo é definir um potencial teórico de unidades no país, identificando-se áreas (geralmente, cidades) que apresentam condições suficientes para gerar o volume de negócios necessário para sustentar uma unidade franqueada. Também é preciso estabelecer quantas unidades podem ser implantadas em cada mercado. Para tanto, a premissa básica é conhecer o público-alvo da marca e os dados estatísticos (demográficos, financeiros, concorrenciais, regionais e situacionais) que indicam sua existência em determinada cidade.

Definição da estratégia ideal para a cobertura do mercado

Uma vez estabelecido o potencial de expansão, a empresa deve definir a forma como pretende cobrir esse mercado. Há quatro estratégias principais para a cobertura de mercado:

1. **Franquias individuais**: é o modelo mais comum, no qual a empresa franqueadora faz um novo contrato de franquia com cada nova unidade aberta. É interessante

para operações em que seja importante promover um acompanhamento próximo aliado à necessidade de mudanças rápidas, pois permite uma boa gestão da rede. É o modelo mais utilizado para operações dentro do país.

2. **Desenvolvimento de área:** nesse modelo, cada contrato de franquia representa uma área e cada franqueado deve ter não uma, mas várias unidades capazes de cobrir totalmente a superfície em questão. Em geral, esse modelo trabalha com franqueados de perfil investidor, com maior capital. Esse investimento não é realizado de uma só vez. É feito um plano de crescimento de acordo com a capacidade do franqueado e os interesses da franqueadora. Trata-se de um modelo interessante para a entrada em mercados novos, de porte médio, com boa concentração de negócios, sendo um dos modelos mais usados para a expansão internacional.

3. **Máster franquia:** assim como no modelo de desenvolvimento de área, a franqueadora entrega uma cidade ou região inteira ao máster franqueado. Diferentemente do que ocorre no modelo anterior, o franqueado tem o direito de cobrir seu mercado por meio de unidades próprias ou franquias. Existe, portanto, um nível a mais no modelo de negócios (franqueadora, máster franqueado e subfranqueado). O modelo é indicado para regiões grandes, com cultura diferenciada em relação àquela na qual a franqueadora opera diretamente.

4. **Conversão:** a lógica desse modelo é atrair para a marca empreendedores independentes ou de outras marcas que já possuem seus negócios, com experiência, perfil e pontos que sejam de interesse para a franqueadora, transformando-se seus estabelecimentos atuais em franquias. Assim, pode ser aliado a qualquer dos três modelos anteriores. É um modelo positivo para franqueadoras que desejam rápida cobertura de mercado e para a consolidação de mercados fragmentados.

Evolução do número de unidades e suas localizações

Depois de definir o potencial e as estratégias de expansão, o passo seguinte é criar um cronograma, determinando quando a empresa deseja atingir cada um dos locais com potencial. Os passos para desenvolver um planejamento de expansão são:

» entender a posição atual da empresa, avaliando o que ela tem e o que sabe;
» definir os mercados-alvo para expansão, com base nas áreas nas quais a empresa já está, na posição da concorrência e no interesse em enfrentar ou evitar a concorrência;
» estipular o volume desejado de novas unidades – a soma de unidades potenciais em todas as cidades previstas para a expansão.

Planejamento da capacidade de atendimento

Uma vez definidos os mercados-alvo, o volume de unidades desejado e a expectativa de datas para a entrada em operação das novas unidades, é possível planejar a construção da estrutura necessária para suportar o crescimento previsto. Esse planejamento envolve as seguintes etapas:

» captação de candidatos;
» seleção de candidatos;
» capacitação;
» suporte à implantação da franquia;
» produção e logística, prevendo-se a ampliação da produção da empresa ou de fornecedores de produtos para o negócio;
» suporte às novas unidades abertas.

6.6 Definindo o perfil do franqueado

A seleção do franqueado é uma etapa crucial no processo de implantação do *franchising*, pois ele levará a marca, os segredos operacionais e os produtos do negócio, bem como sua imagem, credibilidade, qualidade etc. Qualquer fracasso operacional pode prejudicar a marca e toda a rede franqueada.

O perfil do franqueado ideal é definido no momento da formatação do negócio, com base no que é mais adequado para o tipo de franquia em questão (Cherto et al., 2006). Tal definição é muito importante para o processo de captação e seleção de franqueados. Um perfil mal elaborado pode levar o franqueador a desperdiçar dinheiro na captação e a selecionar um candidato errado – o que é pior!

Como se estivesse definindo as qualidades imaginadas de um sócio, o franqueador deve determinar se o franqueado precisa ter alguma escolaridade, idade mínima ou máxima, experiência anterior, habilidades específicas (liderança, negociação etc.), características psicológicas (agressividade, capacidade de assumir riscos etc.), estilo de vida, áreas de interesse, entre outros aspectos, assinalando se o requisito é imprescindível ou apenas recomendável.

No processo de seleção de candidatos a franquias, a avaliação do perfil do candidato normalmente é realizada durante uma entrevista pessoal. É recomendável elaborar um roteiro para a entrevista que aborde as características desejadas pela franqueadora. Além disso, em muitos casos, são utilizados testes comportamentais e de personalidade dos potenciais franqueados.

Após a entrevista, é importante que o entrevistador preencha um relatório ou formulário de avaliação que servirá como fonte de informação e ferramenta de comparação e desempate de candidatos.

Segundo Garcia (2006), o formulário pode conter as seguintes questões-chave:

» estado civil desejado;
» tipo de franqueado desejado (investidor/operador);
» nível de renda/capacidade de investimento adequado ao negócio;
» situação profissional atual;
» remuneração mensal;
» dados patrimoniais;
» referências bancárias;
» experiência anterior importante para esse negócio;
» experiência empresarial (É importante ou prejudicial que o candidato possua outros negócios?);
» residência (É necessário que o candidato more na região onde será instalada a franquia?);
» dedicação necessária ao negócio;
» habilidades indispensáveis ao negócio;
» formação acadêmica requerida;
» disponibilidade de tempo necessário ao negócio.

Também é importante investigar os seguintes aspectos:

» estabilidade emocional;
» habilidade para lidar com pessoas;
» integridade e honestidade;
» atitudes sob estresse;
» nível de agressividade;
» dados complementares.

Depois de concluídas as etapas da entrevista, os testes e a análise de relatório de pré-qualificação, é possível aprovar ou não o candidato, considerando-se suas competências técnicas e sua atitude.

Apesar dessas ferramentas, segundo Garcia (2006), há um momento muito importante nesse processo de avaliação que é o chamado "olho no olho", quando franqueador e candidato a franqueado percebem se há ou não credibilidade e se ambos buscam o sucesso como objetivo comum.

O modelo de avaliação e seleção do franqueado precisa maximizar as chances de que o franqueado participe ativamente do negócio, gerindo a loja e seus funcionários de perto, e não esperando que a franqueadora se responsabilize por todo o trabalho.

De acordo com um estudo da Bittencourt Consultoria (Bittencourt, 2014) sobre o perfil do novo franqueado brasileiro, os candidatos aprovados pelas franqueadoras geralmente têm em comum características como:

» foco em resultados;
» dinamismo;
» forte organização;
» comprometimento;
» perseverança;
» versatilidade.

Por fim, antes da aprovação final do candidato, é recomendável que ele passe por um "*test drive*" em uma unidade com operação própria ou franqueada indicada, para conhecer com mais propriedade o dia a dia do negócio. Desse modo, tanto o candidato quanto o franqueador terão mais condições de avaliar o perfil e as expectativas do negócio.

Pessoas íntegras, responsáveis, que trabalham de forma cooperativa e compartilham conhecimento contribuem para o desenvolvimento da rede e o fortalecimento da marca.

6.7
Determinando como o franqueado terá sucesso

O segredo do sucesso de um modelo de franquias está principalmente no comprometimento das pessoas, capazes de fazer a diferença e amplificar o potencial de resultados. Para que isso seja possível, é necessário, antes de mais nada, disponibilizar um modelo de negócio lógico e bem estruturado, que atenda às necessidades dos clientes.

Quanto mais organizados e funcionais forem os instrumentos entregues ao franqueado, melhor será o caminho inicial para o sucesso. Isso porque haverá diminuição das incertezas do modelo de negócios e aumento da confiança inicial entre franqueado e franqueador.

Para que o franqueado tenha sucesso na rede, o franqueador precisa assegurar a presença de alguns elementos (Cherto et al., 2006), descritos na sequência.

Uma marca com bom potencial

Como já mencionamos, a marca não precisa necessariamente ser conhecida ou reconhecida, mas é fundamental que não esteja "manchada" no mercado. Além disso, ela precisa ter potencial tanto para crescer como para se manter forte. Para isso, é necessário investimento recorrente em marketing e comunicação. A empresa franqueadora deve desenvolver uma estratégia de marketing – criada por uma equipe própria ou terceirizada por meio de uma agência de comunicação – que gere resultados eficientes tanto para a franqueadora quanto para cada unidade franqueada. Também pode implementar e gerir o fundo de marketing, formado pela contribuição de cada unidade franqueada e de cada unidade própria (geralmente, entre 0,5 e 5% do faturamento bruto da unidade).

Com o fundo, a franqueadora compartilha com sua rede as decisões que serão implementadas em relação aos seguintes aspectos: marca, produtos, datas comemorativas, campanhas de incentivo internas e para clientes, promoções no ponto de venda, mídia, ações de *merchandising*, participação em feiras e eventos. O fundo é estruturado para viabilizar as ações e campanhas promocionais, padronizar todas as atividades de marketing, manter maior controle sobre a imagem da empresa no mercado, alcançar maior ganho de escala na produção de materiais mercadológicos e proporcionar maior benefício coletivo a toda a rede.

Produtos e serviços de qualidade

Além de se preocupar em ofertar produtos e serviços de qualidade e padronizados, a franqueadora precisa diferenciar-se dos concorrentes, investindo constantemente em pesquisa, desenvolvimento e inovação. Ao lançar novos produtos e serviços, a empresa reforça sua imagem de marca e mantém-se competitiva no mercado.

Um conceito de negócio que atenda às necessidades dos clientes

É importante que o franqueador teste na prática o conceito de negócio que será franqueado. Isso pode ser feito por meio de uma ou mais unidades-piloto, que, em princípio, devem ser instaladas, operadas e geridas pelo próprio franqueador. Dessa forma, é possível avaliar a eficácia do conceito e a aceitação dos produtos ou serviços pelo público-alvo.

É interessante também mensurar o nível de satisfação dos clientes nas unidades franqueadas em operação, principalmente em microfranquias de serviços. A franquia D. Zortéa Secretariado Remoto, por exemplo, constantemente aplica pesquisas de satisfação com amostras de clientes para verificar a qualidade da entrega dos serviços prestados pelas secretárias remotas franqueadas.

Instrumentos de gestão e operação que garantam controle sobre as operações e o modelo de negócios

É fundamental supervisionar e monitorar constantemente a rede para garantir a consistência na observância às normas, às políticas, aos processos e aos padrões. Para isso, o franqueador precisa implementar sistemas automatizados de controle da operação que auxiliem no acompanhamento das unidades, a ponto de poder orientar o franqueado quando o sistema mostrar alguma anomalia, como algum produto parado no estoque. Tudo o que afeta negativamente a imagem de uma das unidades franqueadas pode acabar contaminando a imagem de toda a rede.

Faz-se necessário também desenvolver indicadores de controle – os quais permitem que alguma ação de gestão seja tomada caso os números não estejam satisfatórios – e verificação – que não admitem qualquer ação corretiva porque mostram um resultado que já não pode ser revertido. Tais mecanismos possibilitam averiguar, por exemplo, a lucratividade das unidades, o prazo médio de entrega de produtos aos franqueados, a periodicidade das compras dos produtos pelo franqueado e o nível de satisfação que esses números representam.

Capacitação adequada à rede, de modo a garantir que os instrumentos sejam efetivamente implantados em campo

É fundamental capacitar os franqueados e suas equipes por meio de programas de capacitação (presenciais, a distância ou híbridos), guias de processo ou manuais, orientação *in loco* ou remota, para assegurar aos franqueados o acesso a todo o conhecimento de que necessitam para terem sucesso na operação. Para isso, é importante manter e capacitar uma equipe qualificada para assessorar, orientar e inspirar esses franqueados. Além disso, é recomendável a implantação de programas de incentivo a boas práticas, com benefícios como descontos em taxas, *royalties*, bonificações e prêmios para aqueles operadores que incorporarem as normas, as políticas e os padrões ensinados.

Suporte de qualidade, de forma a ajudar a direcionar esforços para áreas onde é possível ampliar resultados

Esse suporte precisa ser ativo e não passivo, pois, quando o franqueado procura o franqueador com alguma dificuldade, muitas vezes o problema já está instalado. O suporte ativo se dá quando o franqueador acompanha o dia a dia do franqueado – inclusive operando em conjunto em ações pontuais – de maneira a antever qualquer desvio que possa afetar os resultados da unidade. Além disso, apresenta pronta solução quando o franqueado aponta alguma dificuldade, dúvida ou problema.

Além dos seis quesitos mencionados, é fundamental que a franqueadora adote um criterioso processo de recrutamento e seleção de franqueados. Esse ponto é tão importante que, mesmo quando a empresa consegue cumprir todos os passos anteriores, poderá comprometer seu sucesso e sua imagem se selecionar um candidato que não tenha o perfil adequado ao negócio.

6.8
Manuais, treinamento e suporte

Segundo o consultor Luis Gustavo Imperatore (Ribeiro et al., 2013), os processos e manuais da franquia são a tangibilização do *know-how* desenvolvido pela franqueadora ao longo dos anos, por meio da operação de sua(s) unidade(s) própria(s) ao longo de determinado período. Esse conhecimento servirá de base para o treinamento e a padronização da operação das unidades franqueadas. Com efeito, a transmissão de conhecimento especializado aos franqueados mediante treinamentos faz com que sua probabilidade de sucesso no mercado seja maior.

6.9 Criação dos instrumentos jurídicos

O sistema de franquias é indiscutivelmente pautado em instrumentos jurídicos. Não nos propomos a esgotar o assunto neste livro, mas apenas demonstrar sua importância e os pontos fundamentais para seu entendimento. É impreterivelmente necessário que uma empresa que pretende transformar seu negócio em uma rede de franquias busque profissionais especializados nesse assunto.

A primeira base jurídica do sistema de franquias foi a Lei n. 8.955, de 15 de dezembro de 1994, chamada também de *Lei Magalhães Teixeira* ou *Lei de Franquias* (Brasil, 1994). O objetivo dessa lei foi trazer mais credibilidade para o mercado de franquias, com uma atuação mais transparente entre as partes, principalmente para o franqueador. Em 26 de dezembro de 2019, entrou em vigor a Lei n. 13.966 (veja a seção "Anexo"), que atualmente regulamenta o sistema de franquias no Brasil, revogando a lei anterior (Brasil, 2019).

As franquias efetivamente comprometidas com a seriedade do sistema buscam segui-la da melhor forma. A lei não obriga nenhuma empresa a oferecer, por exemplo, suporte presencial uma vez por mês. Contudo, recomenda que o franqueador forneça suporte com termos formalizados em documentos legais. O texto legal busca fazer com que os franqueadores ofereçam informações suficientes para que os potenciais franqueados tenham a possibilidade de saber antecipadamente em que negócio estão se inserindo, quais obrigações estão assumindo e o que de fato receberão do franqueador. Dessa forma, o risco de comprar uma franquia sem saber exatamente o que se está comprando diminui bastante.

São basicamente dois documentos presentes em todos os sistemas de franquias sérios e que respeitam a legalidade brasileira: a Circular de Oferta de Franquia (COF) e o contrato. Em alguns casos, aplica-se o pré-contrato de franquia.

A COF é um documento fornecido unilateralmente pela empresa franqueadora. Geralmente, é desenvolvida com o auxílio de consultores especializados e advogados especialistas na área. Sua linguagem deve ser bastante acessível, de modo que o candidato a franqueado compreenda da melhor maneira como funciona o sistema de franquias proposto.

Apresentamos a seguir alguns pontos importantes da COF.

Descrição da franquia e do negócio

É fundamental que o documento deixe claro qual é o negócio, para que o franqueado saiba exatamente o que ele desenvolverá.

Histórico da empresa franqueadora

Deve-se apresentar a história da marca franqueadora, de forma a descrever toda a trajetória de sua construção e aperfeiçoamento até chegar ao ponto de estar pronta para se tornar uma rede de franquias.

Perfil do franqueado

A empresa franqueadora deve ser o mais clara possível quanto ao perfil empreendedor que espera para operar uma unidade franqueada da marca. Esse perfil necessariamente deve conter as características técnicas desejadas no franqueado. Em alguns casos, pode-se exigir uma formação específica. Além disso, é importante identificar as características comportamentais esperadas do franqueado e, em muitos casos, a experiência mínima requerida. Ou seja, não basta ter o capital total para investir no negócio – é necessário apresentar o perfil adequado.

Pendências judiciais

O franqueador deve deixar explícita qualquer pendência judicial existente, principalmente se essa informação impactar o funcionamento da rede.

Balanço Patrimonial e demonstrações financeiras da rede

Em várias redes de franquias, a solidez patrimonial é muito importante, principalmente quando o franqueador é também o fornecedor exclusivo dos produtos aos franqueados. Por esse motivo, é recomendável colocar à disposição as demonstrações financeiras da empresa dos últimos 24 meses.

Investimento do franqueado

É essencial que o candidato a franqueado tenha clareza das estimativas de investimento total no negócio. Tais valores geralmente são compostos por taxa de franquia, custos com adequação do estabelecimento, móveis e equipamentos, estoque, despesas de abertura jurídica e inauguração da unidade. O franqueador sempre passará uma estimativa ao franqueado, já que esses valores podem variar de acordo com a situação.

Nível de envolvimento do franqueado

Em algumas redes, há necessidade de envolvimento total do franqueado. Em outros casos, o envolvimento do franqueado pode ser parcial ou integral, no início da operação, e parcial, após a estabilização da operação. Também existe a possibilidade de o franqueado investir e delegar por completo a operação a um gestor da unidade. Seja qual for a opção, o franqueador deve deixar tudo claro antes da assinatura do contrato.

Relação completa dos franqueados nos últimos 12 meses

O franqueador deve deixar claro quais são os atuais franqueados da rede e quais foram as unidades franqueadas que fecharam nos últimos 12 meses. Essa informação ajuda o candidato a ver como de fato está sendo o desempenho da rede, para mensurar o risco do negócio.

Expectativas de faturamento e retorno sobre o investimento

Trata-se de uma estimativa que deve ter como base o histórico da unidade-piloto ou do desempenho atual da rede. Os valores correlacionados podem sofrer variações naturais dependendo de onde será aberta a nova unidade franqueada.

Exclusividade de território

Não existe uma obrigação do franqueador em ter uma exclusividade territorial, mas, independentemente de haver ou não, é fundamental que o franqueado seja informado sobre a política de exclusividade territorial vigente. Ela pode se referir a um raio de distância, um bairro, uma região ou até uma cidade.

Aquisição de produtos e serviços exclusivos e homologados

O candidato a franqueado deve saber se estará obrigado ou não a comprar produtos e serviços exclusivos do franqueador ou de seus fornecedores homologados. Por esse motivo, é fundamental que o franqueador escolha fornecedores consistentes para suportarem toda a rede.

Suporte ao franqueado

O franqueador deve detalhar como será feito o suporte durante a implantação da unidade franqueada, como ocorrerá o treinamento do franqueado e de seus colaboradores e de que forma se dará o suporte durante a operação.

Situação perante o Instituto Nacional de Propriedade Industrial (Inpi)

O Inpi é o órgão responsável pelo pedido e pelo registro das marcas e patentes em todo o Brasil. Na COF deve constar o número do pedido de registro da marca no Inpi, bem como a situação desse pedido até o momento.

Situação entre as partes após a finalização ou rescisão do contrato de franquia

O candidato precisa saber como funcionará o processo de renovação do contrato de franquia, caso ele tenha interesse em renovar, bem como quais serão suas obrigações após a finalização definitiva do contrato de franquia (por exemplo, a não concorrência com a rede).

Todas as vezes que uma COF é entregue a um candidato a franqueado, este deve assinar um termo de entrega. Caso o candidato assine o contrato de franquia, esse instrumento comprova que o signatário estava ciente de todas as informações pertinentes ao sistema oferecido. É fundamental que o franqueado tenha a posse da COF durante o prazo mínimo de dez dias antes da assinatura de qualquer contrato de franquia. Caso o franqueador não cumpra esse prazo com o franqueado, há possibilidade de uma possível futura anulação do contrato de franquia, podendo também o franqueado exigir o ressarcimento de taxas por ele pagas.

6.10
Fatores de sucesso

Onde há negócios, é preciso haver lucro. Sem lucro, resta o prejuízo. Examinados todos os componentes específicos do *franchising*, vamos apresentar os fatores de sucesso, que se referem aos fundamentos da **gestão estratégica do negócio**. Trata-se do gerenciamento integrado do conjunto de recursos do empreendimento para alcançar objetivos e metas, isto é, **resultados**.

Business plan

O ponto de partida é o plano estratégico de negócios (*business plan*), o documento formal pelo qual a empresa traça o caminho para ser bem-sucedida. Trata-se, portanto, da bússola que orienta a gestão. Existem diversas ferramentas, mas basicamente o *business plan* deve definir: o *brand statement* – a razão de existir do negócio; a missão, a visão e os valores; os objetivos estratégicos, táticos e operacionais; os cenários (análise de ambiente econômico e concorrencial, suas ameaças e oportunidades); a análise interna (forças e fraquezas); metas e prazos; indicadores; metodologia; recursos; atribuições; e mapa estratégico. É fundamental que o plano de negócios seja de conhecimento de todos que atuam na empresa, o que ocorrerá por meio de uma divulgação eficaz, capaz de produzir envolvimento e relacionamento. O plano deve ser orientado a resultados e constantemente avaliado conforme as necessidades. É preciso mensurar os indicadores de desempenho, lembrando-se sempre da máxima do planejamento estratégico: quem não mede está à deriva.

Governança (*compliance*)

A governança diz respeito ao conjunto de processos, hábitos, políticas e atos de gestão que expressa a maneira como a empresa é dirigida, levando-se em conta seus objetivos e seus públicos de relacionamento (*stakeholders* – acionistas, funcionários, fornecedores, Estado e comunidade). Define as bases da relação de negócio, como a confiança, a ética e o diálogo. Seu objetivo é sempre minimizar os custos de transação.

Por meio de *compliance*, a empresa garante o cumprimento de normas regulamentares, políticas e diretrizes, bem como previne, detecta e trata desvios e inconformidades.

Gestão econômico-financeira

Refere-se a elementos como modelagem, lucratividade, rentabilidade, custos, receitas, tributos e taxas, investimentos, capital de giro, ponto de equilíbrio e remunerações.

Capital humano
Trata-se de questões referentes a desenho da equipe, recrutamento, seleção, gestão de pessoas, capacitação (treinamento e desenvolvimento de competências e educação continuada), motivação, comunicação corporativa, avaliação de desempenho, política de incentivos, gestão de conflitos e crises, cultura organizacional, ambientes colaborativos etc.

Marketing
O marketing se vincula a pontos como: desenvolvimento e gestão da marca (*branding*); *mix* de marketing (produto, preço, ponto, promoção); comunicação multiplataforma; publicidade e propaganda; relações públicas; assessoria de imprensa; *crisis communication*; mídias sociais; sistema de informações mercadológicas; pesquisa de mercado; análise da concorrência; campanhas; posicionamento e reposicionamento; relacionamento com o consumidor (ouvidoria, SAC, "fale conosco"); e fundo de marketing.

Qualidade, excelência e inovação
Refere-se à tecnologia de produção, ao desenvolvimento de produto, à qualidade intrínseca, à padronização, à construção dos processos, ao *know-how*, à logística, à definição de indicadores, à mensuração de resultados, ao *check-up* e à atenção aos detalhes.

Fornecedores
Para vender bem, é importantíssimo comprar bem.

Responsabilidade socioambiental
Diz respeito ao compromisso com o meio ambiente, de modo a contribuir para uma sociedade justa, fraterna e solidária.

Liderança

O empreendedor líder sabe integrar diferentes pessoas em um mesmo ambiente e motivá-las a colocar o melhor de si no trabalho. Comunica-se bem, gerencia crises e conflitos, influencia a equipe, orienta-se para os clientes e a sociedade, preocupa-se com os detalhes da qualidade e está sempre atento aos resultados.

Logo, as empresas necessitam de gestores técnicos e humanistas. Esse perfil inclui conhecer processos, pensar ações integradas, sugerir programas, acompanhar indicadores, produzir *reports* e manter interlocução com todos os públicos de relacionamento.

O excesso de gestão pode ser tão prejudicial quanto sua falta. É importante deixar espaço aberto para a criatividade, a mudança e a inovação.

6.11
O papel da consultoria

Nesta era da inovação, é preciso investir os recursos com profissionalismo para obter o melhor retorno possível: vendas.

Sob essa ótica, cabe à consultoria especializada, prestada por profissionais gabaritados, ajudar o empreendedor a tomar decisões estratégicas em seus negócios no mercado.

Na sequência, indicamos os aspectos de que uma consultoria profissional pode fazer para o desenvolvimento e o êxito do negócio de *franchising* (Comercium, 2021):

- » desenvolvimento de inteligência orientada ao mercado;
- » formatação – transformar negócios lucrativos em redes de franquias;
- » assessoria para expansão da rede;
- » reestruturação de processos da rede;
- » treinamentos a franqueados;
- » criação de manuais para franqueados;

- » estratégias de posicionamento de mercado e promoção de vendas;
- » estruturação de canais de vendas;
- » pesquisa de mercado e tendências;
- » *design* de comunicação visual;
- » avaliação do ponto comercial;
- » planejamento estratégico de varejo;
- » criação de promoções e comunicações;
- » capacitação de pessoas e equipes de varejo;
- » cursos, *workshops* e palestras customizadas de acordo com a necessidade de cada negócio;
- » soluções em gestão;
- » estruturação organizacional;
- » mapeamento e melhoria de processos;
- » melhoria de indicadores financeiros;
- » avaliação da viabilidade de negócios;
- » *design thinking* para produtos e serviços;
- » *user experience*;
- » construção de modelos de negócios;
- » suporte à inovação.

Síntese

Neste capítulo, deixamos evidentes todas as vantagens que um empreendedor tem ao optar pelo *franchising* (formatar sua franquia). Além disso, esclarecemos a necessidade de uma análise de franqueabilidade do negócio e da condução do processo de formatação por um consultor especialista no assunto. Por fim, detalhamos as etapas do processo de formatação de um sistema de franquias.

Questões para revisão

1) Cite e comente ao menos três dos fatores de sucesso do *franchising* apresentados no capítulo.

2) Explique a que se refere uma Circular de Oferta de Franquia (COF) e cite alguns de seus pontos importantes.

3) Para um empreendedor conseguir franquear seu negócio, ele precisa atender a pelo menos cinco critérios. Assinale a alternativa que **não** apresenta um desses critérios:

   a) Verificar a reputação da marca.
   b) Identificar se a franquia pode ser instalada em diversas localidades.
   c) Acreditar que os lucros serão apenas consequência do negócio.
   d) Identificar a capacidade de fornecer produtos ou checar se há fornecedores que podem fornecê-los.

4) De acordo com Campora (2006), a principal razão para uma organização optar pela expansão por meio do modelo de franquias deve ser a necessidade de comprometimento e qualificação dos gestores. Nesse sentido, o autor destaca os tipos de negócios mais indicados para a adesão ao sistema de franquias. A esse respeito, relacione corretamente os itens a seguir às respectivas descrições:

   I) Operações altamente complexas
   II) Operações de complexidade muito baixa
   III) Operações intermediárias

   ( ) Estrutura relativamente reduzida, com processos, mas com necessidade de ajustes locais, motivação e comprometimento.
   ( ) Grande número de funcionários e exigência de funcionamento de diversos departamentos e de um corpo gerencial completo de alto nível.
   ( ) Controle suficiente sobre processos e padrões para poder eliminar a alta importância da qualificação e do comprometimento do gestor.

A seguir, indique a alternativa que apresenta a sequência obtida:

a) I, III, II.
b) III, I, II.
c) I, II, III.
d) III, II, I.

5) Ainda de acordo com Campora (2006), não há operação de *franchising* que faça sentido sem que seja capaz de fazer retornar o investimento realizado na construção do modelo. Sob essa ótica, existem quatro tipos de retorno possíveis. Dessa forma, relacione corretamente os itens a seguir às respectivas descrições:

I) Retorno financeiro direto
II) Retorno em imagem de marca
III) Retorno mediante vendas em outros canais
IV) Retorno social da rede

( ) Os ganhos são obtidos por meio da valorização da marca pelos consumidores, ampliando-se o poder da empresa nos demais canais (lojas não exclusivas, varejo tradicional, telemarketing, *e-commerce*).
( ) Algumas empresas têm por objetivo maior a capacidade de as franquias construírem uma marca de alto valor. Nesse caso, buscam formas de ganho financeiro baseadas na valorização da marca.
( ) O objetivo principal não é a lucratividade direta da operação. Parte do retorno é medida pelos resultados sociais proporcionados pela rede, como a redução de poluição ambiental e o aumento do nível de alfabetização, por exemplo.
( ) É o modelo mais comum, no qual a operação de *franchising* deve retornar o capital investido por meio dos resultados da própria operação.

A seguir, indique a alternativa que apresenta a sequência obtida:

a) II, III, I, IV.
b) III, II, IV, I.
c) I, II, IV, III.
d) III, IV, I, II.

Questões para reflexão

1) Com relação aos fatores para o sucesso de uma franquia, os quais foram discutidos neste capítulo, qual ou quais deles você considera mais importante(s) para que o negócio seja bem-sucedido e por qual razão?

2) Em sua opinião, qual é a importância de os franqueados terem acesso aos manuais da franquia? É possível que uma empresa franqueada obtenha sucesso sem necessariamente seguir as regras e os procedimentos estabelecidos pela franqueadora?

considerações finais

Como vimos ao longo deste livro, o *franchising* apresenta uma enorme oportunidade de negócios a futuros franqueados e franqueadores. Nesse sentido, o Brasil conta com um mercado gigante ainda a ser explorado por vários segmentos.

O *franchising* é popularmente conhecido por grandes marcas nos setores de alimentação, vestuário, cosméticos e educacional. Contudo, existem muitos outros segmentos que se beneficiam desse formato de expansão.

Conhecer os elementos essenciais de uma franquia formatada é fundamental tanto para quem pretende comprar uma unidade franqueada quanto para quem possui um negócio e pretende fazer sua formatação. Várias empresas brasileiras são exemplos inspiradores de capacidade de expansão e solidez histórica. Além disso, organizações que estão começando sua expansão poderão ser grandes destaques no futuro.

A formatação de uma franquia corresponde a uma jornada bastante trabalhosa e concentrada em diversos detalhes, mas não é possível apenas para grandes empresas. O importante é que ela seja feita em conjunto com um consultor especialista no setor. Esse profissional conhece as armadilhas existentes no mercado e auxiliará tanto na tomada de decisões importantes durante o processo de formatação quanto na revisão minuciosa dos manuais e dos instrumentos jurídicos para que estes tenham o nível de qualidade desejado.

Se as oportunidades forem bem aproveitadas, o *franchising* tende a se manter crescente. Para tanto, será necessário inovar, investir em novos formatos e modelos, incorporar conceitos contemporâneos que criam condições mais amigáveis para os consumidores, aumentando a gama de produtos e serviços, com novas marcas, redes mais coesas e capilarizadas.

Sob essa ótica, o *franchising* é como uma semente, que, quando plantada, cresce. É preciso regar e cuidar para que cresça e frutifique, gerando uma boa colheita. Assim, o investimento retornará multiplicado.

glossário

Air bubble: tecnologia baseada em bolhas de ar.

Checklist: lista de verificações utilizada como instrumento de controle de atividades por meio de checagem de itens.

Circular de Oferta de Franquia (COF): documento que contém o conjunto de informações sobre a franquia e o franqueador, que deve ser entregue por este ao franqueado no mínimo com dez dias de antecedência da assinatura do contrato de franquia e/ou do pagamento pela sua aquisição, sendo obrigatório por lei.

Cocooning: tendência ao encasulamento segundo a qual os indivíduos passam mais tempo recolhidos em seus lares em metrópoles, por comodidade.

Design thinking: abordagem prática criativa empregada para a resolução de problemas em gestão empresarial com base na colaboração coletiva, sobretudo no desenvolvimento de projetos, produtos e serviços.

Fast food: comida que fica pronta rapidamente para consumo de refeições em pouco tempo.

Franquia: unidade de negócio ou estabelecimento possuído, operado e gerido por franqueado; conjunto de direitos e deveres que um franqueado adquire do respectivo franqueador.

Franquia de conversão: empreendimento preexistente que operava de forma independente e se converteu em unidade franqueada de determinada rede.

Franqueador: detentor dos direitos sobre a marca, a metodologia, os processos e todos os elementos componentes da franquia, que a concede ao franqueado.

Franqueado: pessoa física ou jurídica proprietária da unidade franqueada, que adquire a franquia do franqueador.

Geomarketing: abordagem sobre localização geográfica baseada em inteligência de marketing para otimizar campanhas e atingir o consumidor, levando em conta a organização do mercado no espaço em mapas geográficos.

Know-how: conjunto de conhecimentos práticos especializados sobre um processo, um produto ou um serviço adquirido por uma empresa ou um(a) profissional, associado à habilidade e à eficiência na execução, bem como à inovação.

Marca: representação simbólica que distingue uma empresa, um produto ou um serviço, estabelecendo uma identidade expressa em um conceito e uma imagem, associada a um conjunto de valores e capaz de criar diferenciação em relação à concorrência.

Multifranquia: operação de dois ou mais estabelecimentos de uma mesma marca ou não por um franqueado.

Organização não governamental: organização civil constituída formalmente como pessoa jurídica de direito privado e interesse público, com autonomia, sem fins lucrativos, mantida com recursos de doação de pessoas físicas e/ou jurídicas privadas ou públicas, que desenvolve ações solidárias direcionadas a fins específicos.

Royalties: taxa paga periodicamente pelo franqueado ao franqueador pelo conjunto de benefícios da rede franqueada – marca, acesso a fornecedores, suporte –, cujo valor é definido com base em um percentual sobre o faturamento ou sobre o volume de compras da unidade franqueada.

Taxa de franquia: valor pago pelo franqueado ao franqueador na celebração do contrato de franquia que lhe assegura o direito de integrar a rede e receber todos os subsídios necessários à implantação da unidade.

Taxa de marketing ou propaganda: pagamento efetuado pelo franqueado ao franqueador, definido com base em um percentual do faturamento mensal ou no volume de compras mensais, recolhido a um fundo com a finalidade específica de custear ações de marketing e divulgação publicitária da marca e seus produtos ou serviços, sujeito à prestação de contas.

Trainer: profissional capacitado a ministrar e supervisionar treinamentos.

Turning point: ponto de inflexão que indica o momento em que algo começa a mudar de qualidade.

Unidade própria: unidade operada pelo próprio franqueador que apresenta as mesmas características de uma unidade da franquia.

User experience: conjunto de fatores relativos à interação do usuário com determinado produto, sistema ou serviço, que conduz a uma percepção positiva ou negativa da experiência.

Varejo: comercialização de produtos ou serviços em pequenas quantidades estabelecida diretamente com o comprador final, consumidor do produto ou serviço, sem intermediação.

Vending machine: máquina automática de venda de produtos.

Workshop: curso intensivo de curta duração em que são demonstradas e aplicadas práticas, habilidades e técnicas.

referências

ABF – Associação Brasileira de Franchising. **ABF 30 anos**. São Paulo: Lamônica, 2017. Disponível em: <https://issuu.com/lamonicaconectada/docs/livro_abf_30_anos>. Acesso em: 21 abr. 2021.

ABF – Associação Brasileira de Franchising. **Balanço consolidado da ABF em 2018 aponta segmentos que mais cresceram**. Disponível em: <https://www.abf.com.br/balanco-consolidado-abf-aponta-segmentos-mais-cresceram>. Acesso em: 22 abr. 2021a.

ABF – Associação Brasileira de Franchising. **Desempenho do Franchising 2017**. 11 jan. 2018. Disponível em: <https://www.abf.com.br/wp-content/uploads/2018/03/Desempenho-do-Franchising-2017.pdf>. Acesso em: 7 jun. 2021.

ABF – Associação Brasileira de Franchising. **Desempenho do Franchising Brasileiro em 2019**. 9 mar. 2020. Disponível em: <https://www.abf.com.br/wp-content/uploads/2020/03/desempenho-do-franchising-brasileiro-2019.pdf>. Acesso em: 7 jun. 2021.

ABF – Associação Brasileira de Franchising. **Franqueado multiunidade se consolida no mercado brasileiro, indica pesquisa ABF**. Disponível em: <https://www.abf.com.br/franqueados-multiunidades-se-consolidam-no-mercado-brasileiro-indica-pesquisa-da-abf/>. Acesso em: 7 jun. 2021b.

ABF – Associação Brasileira de Franchising. **Franquias levam venda porta a porta para a web**. Disponível em: <http://www.abf.com.br/franquias-levam-venda-porta-a-porta-para-a-web/?gclid=EAIaIQobChMI1bbKsPHL6QIVAQiICR3F_gUtEAAYAiAAEgJB1_D_BwE>. Acesso em: 7 jun. 2021c.

ABF – Associação Brasileira de Franchising. **Guia oficial de franquias**. 21. ed. São Paulo: Lamonica, 2019.

ABF – Associação Brasileira de Franchising. **Setor de franquias mantém ritmo gradual e cresce 6,1% no 3º Tri de 2019**. Disponível em: <https://www.abf.com.br/setor-de-franquias-mantem-ritmo-cresce-61>. Acesso em: 7 jun. 2021d.

ABF – Associação Brasileira de Franchising; CNS – Confederação Nacional de Serviços. **Pesquisa de inovação nas franquias brasileiras**. 2018. Disponível em: <https://www.abf.com.br/wp-content/uploads/2018/01/Pesquisa-de-Inovacao-nas-Franquias-Brasileiras-ABF-e-CNS.pdf>. Acesso em: 7 jun. 2021.

ABF FRANCHISING EXPO. **Sobre a feira**. Disponível em: <https://www.abfexpo.com.br/pt/sobre-a-feira.html>. Acesso em: 11 jun. 2021.

ABRASCE – Associação Brasileira de Shopping Centers. Disponível em: <https://abrasce.com.br/>. Acesso em: 11 jun. 2021.

AMARAL, M. S. do. **Shopping centers no Brasil**: evolução e tendências. 83 f. Dissertação (Mestrado Profissional em Gestão para Competitividade) – Fundação Getúlio Vargas, São Paulo, 2018.

AZEVEDO, K. **Ponto TV busca franqueados no Paraná e em Santa Catarina**. 30 set. 2019. Disponível em: <https://guiafranquiasdesucesso.com/noticias/ponto-tv-busca-franqueados-pr-sc>. Acesso em: 11 jun. 2021.

BACCARINI, M. Conheça o segredo da rede que vende 680 milhões de esfihas por ano. **G1**, 17 jun. 2018. Disponível em: <http://g1.globo.com/economia/pme/pequenas-empresas-grandes-negocios/noticia/2018/06/conheca-o-segredo-da-rede-que-vende-680-milhoes-de-esfihas-por-ano.html>. Acesso em: 11 jun. 2021.

BITTENCOURT, C. **Qual é o perfil do novo franqueado brasileiro?** 11 jul. 2014. Disponível em: <https://www.bittencourtconsultoria.com.br/artigos/qual-e-o-perfil-do-novo-franqueado-brasileiroqual-e-o-perfil-do-novo-franqueado-brasileiro-html/>. Acesso em: 11 jun. 2021.

BRASIL. Constituição (1988). **Diário Oficial da União**, Brasília, DF, 5 out. 1988. Disponível em: <http://www.planalto.gov.br/ccivil_03/constituicao/constituicao.htm>. Acesso em: 11 jun. 2021.

BRASIL. Lei n. 8.245, de 18 de outubro de 1991. **Diário Oficial da União**, Poder Executivo, Brasília, DF, 21 out. 1991. Disponível em: <http://www.planalto.gov.br/ccivil_03/leis/l8245.htm>. Acesso em: 11 jun. 2021.

BRASIL. Lei n. 8.955, de 15 de dezembro de 1994. **Diário Oficial da União**, Poder Legislativo, Brasília, DF, 16 dez. 1994. Disponível em: <http://www.planalto.gov.br/ccivil_03/leis/l8955.htm>. Acesso em: 11 jun. 2021.

BRASIL. Lei n. 13.966, de 26 de dezembro de 2019. **Diário Oficial da União**, Poder Legislativo, Brasília, DF, 27 dez. 2019. Disponível em: <http://www.planalto.gov.br/ccivil_03/_ato2019-2022/2019/lei/L13966.htm>. Acesso em: 11 jun. 2021.

CAMPORA, F. Por que franquear. In: CHERTO, M. et al. **Franchising**: uma estratégia para expansão de negócios. São Paulo: Premier Máxima, 2006. p. 51-70.

CAMPOS, L. **Com franquia de baixo custo, Ponto TV mira expansão para todo Brasil**. 10 jul. 2020. Disponível em: <https://guiafranquiasdesucesso.com/noticias/ponto-tv-tem-modelo-de-microfranquia-barata/>. Acesso em: 11 jun. 2021.

CENTRAL DO FRANQUEADO. Disponível em: <https://centraldofranqueado.com.br>. Acesso em: 11 jun. 2021.

CHEGOU a vez dos quadros descolados na parede de casa. Bem Paraná, 5 dez. 2017. Disponível em: <https://www.bemparana.com.br/noticia/chegou-a-vez-dos-quadros-descolados-na-parede-de-casa#.YMOL7vlKiUk>. Acesso em: 11 jun. 2021.

CHERTO, M. et al. **Franchising**: uma estratégia para expansão de negócios. São Paulo: Premier Máxima, 2006.

CLUBE DE CRIAÇÃO. Disponível em: <https://www.clubedecriacao.com.br/>. Acesso em: 11 jun. 2021.

COIMBRA, L.; SCHREIDER, M. "Loja grátis", onde cliente leva e não paga, chega a SP. **Folha de S.Paulo**, 6 maio 2010. Disponível em: <https://m.folha.uol.com.br/mercado/2010/05/731020-loja-gratis-onde-cliente-leva-e-nao-paga-chega-a-sao-paulo.shtml>. Acesso em: 11 jun. 2021.

COMERCIUM. Disponível em: <http://www.comerciumbr.com.br/>. Acesso em: 11 jun. 2021.

CRIAÇÃO DAS MARCAS. **AM/PM**. 2011. Disponível em: <http://criacaodasmarcas.blogspot.com/2011/12/am-pm.html>. Acesso em: 11 jun. 2021.

D. ZORTÉA SECRETARIADO REMOTO. **D Zortea Secretária Remota**. Disponível em: <https://secretariaremota.com.br/d-zortea-secretaria-remota/>. Acesso em: 11 jun. 2021.

DORFMAN, P. Empresários de gastronomia criam lojas menores e mais baratas para vender mais. **Gazeta do Povo**, Curitiba, 1º ago. 2019. Disponível em: <https://www.gazetadopovo.com.br/bomgourmet/restaurantes/formatos-diferentes-restaurantes>. Acesso em: 11 jun. 2021.

EDUARDO, S. **Sua casa, seu escritório**: 26 franquias home-based para investir e lucrar. 1º mar. 2019. Disponível em: <https://www.portaldofranchising.com.br/franquias/franquias-home-based-para-investir/>. Acesso em: 11 jun. 2021.

FASHION BUBBLES. **Sample Center**: Brasil ganha loja de produtos grátis. 7 maio 2010. Disponível em: <https://www.fashionbubbles.com/destaque/sample-center-brasil-ganha-loja-de-produtos-gratis/>. Acesso em: 11 jun. 2021.

FERREIRA, A. Dono da Cacau Show começou vendendo chocolates em Fusca. **UOL**, 24 set. 2012. Disponível em: <https://economia.uol.com.br/noticias/redacao/2012/09/24/dono-da-cacau-show-comecou-vendendo-chocolates-em-fusca.htm>. Acesso em: 11 jun. 2021.

FOGANHOLO NETO, E. **A adoção do "Business Format Franchising"**: uma abordagem do mercado brasileiro. 127 f. Dissertação (Mestrado em Mercadologia) – Fundação Getulio Vargas, São Paulo, 1992.

GARCIA, F. Venda de franquia e seleção de franqueados. In: CHERTO, M. et al. **Franchising**: uma estratégia para expansão de negócios. São Paulo: Premier Máxima, 2006. p. 201-218.

GUIA OFICIAL DE FRANQUIAS ABF. Disponível em: <www.guiaoficialdefranquias.com.br>. Acesso em: 11 jun. 2021.

HELVÉCIA, H. Direções de consumo. **Folha de S.Paulo,** 22 set. 2007. Disponível em: <https://www1.folha.uol.com.br/fsp/vitrine/vi2209200707.htm>. Acesso em: 11 jun. 2021.

INFLUX FRANCHISING. **Por que franquias são investimentos mais seguros que outras modalidades de negócio? Descubra!** 13 maio 2019. Disponível em: <https://blog.franquia.influx.com.br/franquias-investimentos-seguros>. Acesso em: 11 jun. 2021.

KOTLER, P.; KELLER, K. L. **Administração de marketing.** São Paulo: Pearson Prentice Hall, 2012.

KOULOPOULOS, T. M. **Inovação com resultado**: o olhar além do óbvio. São Paulo: Gente; Ed. Senac, 2011.

MAMONA, K. S. Um médico e 600 milhões de esfihas: conheça a história do fundador do Habib's. **UOL,** 30 jul. 2013. Disponível em: <https://economia.uol.com.br/noticias/infomoney/2013/07/30/um-medico-e-600-milhoes-de-esfihas-conheca-a-historia-do-fundador-do-habibs.htm>. Acesso em: 11 jun. 2021.

MARICATO, P. **Franquias**: bares, restaurantes, lanchonetes, fast-foods e similares. São Paulo: Senac, 2006.

MARINS, L. G. Irmãos vendiam quadros em garagem alugada; hoje faturam quase R$ 3 mi. Empreendedorismo. **UOL,** 22 nov. 2017. Disponível em: <https://economia.uol.com.br/empreendedorismo/noticias/redacao/2017/11/22/los-quadros-arte-frases-desenhos-curitiba-pr.htm>. Acesso em: 11 jun. 2021.

MATTAR, F. N. **Administração do varejo.** Rio de Janeiro: Elsevier, 2011.

MAURO, P. C. **Guia do franqueado**: leitura obrigatória para quem quer comprar uma franquia. São Paulo: Nobel, 1994.

MAURO, P. C. **Guia do franqueador**: como desenvolver marcas mundiais. São Paulo: Nobel, 2006.

MELO, P. L. R.; ANDREASSI, T. (Org.). **Franquias brasileiras**: estratégia, empreendedorismo, inovação e internacionalização. São Paulo: Cengage Learning, 2012.

MONTEIRO, D. **Suporte ao franqueado destaca Habib's no segmento de franquias.** 1º jun. 2016. Disponível em: <https://www.habibs.com.br/institucional/imprensa/17-suporte-ao-franqueado-destaca-habibs-no-segmento-de-franquias>. Acesso em: 11 jun. 2021.

MULTICOISAS. **Sobre nós**. Disponível em: <https://institucional.multicoisas.com.br/sobre-nos>. Acesso em: 11 jun. 2021.

MUNDO DAS MARCAS. **AmPm**. 31 maio 2006. Disponível em: <https://mundodasmarcas.blogspot.com/2006/05/ampm-always-there-to-serve-your-needs.html>. Acesso em: 11 jun. 2021.

NANU POKE. Além do poke: Nanu Poke serve opções personalizadas para experiência gastronômica saudável. **Gazeta do Povo**, Curitiba, 23 fev. 2021. Disponível em: <https://www.gazetadopovo.com.br/conteudo-publicitario/nanu-poke/alem-do-poke-nanu-poke-serve-opcoes-personalizadas-para-experiencia-gastronomica-saudavel/>. Acesso em: 11 jun. 2021.

NUNES JUNIOR, J. M. **A manutenção do contrato de franquia sem entrega de circular de oferta no prazo legal**: uma abordagem a partir da anulabilidade prevista na Lei de Franquias. 62 f. Trabalho de Conclusão de Curso (Graduação em Direito) – Universidade Federal de Santa Catarina, Florianópolis, 2016.

OLIVEIRA, A. **Rede de franquias cria máquina que prepara e vende pizzas em menos de 3 minutos**. 6 out. 2019. Disponível em: <https://revistapegn.globo.com/Feira-do-Empreendedor-SP/noticia/2019/10/rede-de-franquias-cria-maquina-que-prepara-e-vende-pizzas-em-menos-de-3-minutos.html>. Acesso em: 11 jun. 2021.

PARENTE, J. **Varejo no Brasil**: gestão e estratégia. São Paulo: Atlas, 2007.

PEREIRA, G. M. G. **A energia do dinheiro**: estratégias para reestruturar sua vida financeira. São Paulo: Gente, 2001.

PONTO TV PUBLICIDADE. Disponível em: <http://pontotvpublicidade.com.br/>. Acesso em: 11 jun. 2021.

PORTAL DO EMPREENDEDOR – MEI. Disponível em: <http://www.portaldoempreendedor.gov.br/>. Acesso em: 11 jun. 2021.

PORTAL DO FRANCHISING. **Ranking**: as 50 maiores franquias do Brasil em 2018. 15 jan. 2018. Disponível em: <https://www.portaldofranchising.com.br/franquias/maiores-franquias-do-brasil-em-2018/>. Acesso em: 11 jun. 2021.

PORTAL SÃO FRANCISCO. **História do Boticário**. Disponível em: <https://www.portalsaofrancisco.com.br/curiosidades/historia-do-boticario>. Acesso em: 11 jun. 2021.

QUINET, A. **Um olhar a mais**: ver e ser visto na psicanálise. Rio de Janeiro: J. Zahar, 2002.

RIBEIRO, A. et al. **Gestão estratégica do franchising**: como construir redes de franquias de sucesso. São Paulo: DVS, 2013.

ROSENBLOOM, B. **Canais de marketing**: uma visão gerencial. São Paulo: Atlas, 2009.

SAMUEL, T. **Franquia Store in Store**. 18 maio 2015. Disponível em: <https://www.clientesa.com.br/artigos/58171/franquia-store-in-store>. Acesso em: 11 jun. 2021.

SANTOS, J. **Uma visão geral sobre os shopping centers no Brasil**. 18 mar. 2019. Disponível em: <https://administradores.com.br/artigos/uma-visao-geral-sobre-os-shopping-centers-no-brasil>. Acesso em: 11 jun. 2021.

SCHEWE, C. D.; SMITH, R. M. **Marketing**: conceitos, casos e aplicações. São Paulo: McGraw-Hill, 1982.

SHOPPINGS registram aumento de 7,9% nas vendas em 2019. **Mercado & Consumo**, 30 jan. 2020. Disponível em: <https://mercadoeconsumo.com.br/2020/01/30/shoppings-registram-aumento-de-79-nas-vendas-em-2019>. Acesso em: 11 jun. 2021.

SILVA, R. M. A. Inovação, a chave para o futuro. **Folha de S.Paulo**, 3 mar. 2010. Disponível em: <https://www1.folha.uol.com.br/fsp/opiniao/fz0303201009.htm>. Acesso em: 11 jun. 2021.

SHERMAN, A. J. **Franchising & Licensing**: Two Powerful Ways do Grow Your Business in Any Economy. New York: Amacon, 2003.

SUA FRANQUIA. **Franchising nos EUA**: os números de 2016. 2017. Disponível em: <https://www.suafranquia.com/noticias/especial/2017/03/franchising-nos-eua-os-numeros-de-2016/>. Acesso em: 11 jun. 2021.

SUA FRANQUIA. **Modelo de negócio store in store é uma boa opção no franchising**. 2019. Disponível em: <https://www.suafranquia.com/noticias/especial/2019/01/modelo-de-negocio-store-in-store-e-um-boa-opcao-no-franchising/>. Acesso em: 11 jun. 2021.

SUA FRANQUIA. **Publicidade em sacos de pão é alternativa de mídia em Gravataí, no Rio Grande do Sul**. 2014. Disponível em: <https://www.suafranquia.com/noticias/comunicacao/2014/04/publicidade-em-sacos-de-pao-e-alternativa-de-midia-em-gravatai-no-rio-grande-do-sul>. Acesso em: 11 jun. 2021.

URY, W. **O poder do não positivo**: como dizer não e ainda chegar ao sim. Rio de Janeiro: Elsevier, 2007.

YÁZIGI. **Sobre o Yázigi**. Disponível em: <https://www.yazigi.com.br/sobre-o-yazigi>. Acesso em: 11 jun. 2021.

YARN, D. E. **Dictionary of Conflict Resolution**. São Franciso: Ed. Jossei Bass Inc., 1999.

anexo

Lei de Franquias

LEI n. 13.966, de 26 de dezembro de 2019

> Dispõe sobre o sistema de franquia empresarial e revoga a Lei n. 8.955, de 15 de dezembro de 1994 (Lei de Franquia).

O PRESIDENTE DA REPÚBLICA Faço saber que o Congresso Nacional decreta e eu sanciono a seguinte Lei:

Art. 1º Esta Lei disciplina o sistema de franquia empresarial, pelo qual um franqueador autoriza por meio de contrato um franqueado a usar marcas e outros objetos de propriedade intelectual, sempre associados ao direito de produção ou distribuição exclusiva ou não exclusiva de produtos ou serviços e também ao direito de uso de métodos e sistemas de implantação e administração de negócio ou sistema operacional desenvolvido ou detido pelo franqueador, mediante remuneração direta ou indireta, sem caracterizar relação de consumo ou vínculo empregatício em relação ao franqueado ou a seus empregados, ainda que durante o período de treinamento.

§ 1º Para os fins da autorização referida no *caput*, o franqueador deve ser titular ou requerente de direitos sobre as marcas e outros objetos de propriedade intelectual negociados no âmbito do contrato de franquia, ou estar expressamente autorizado pelo titular.

§ 2º A franquia pode ser adotada por empresa privada, empresa estatal ou entidade sem fins lucrativos, independentemente do segmento em que desenvolva as atividades.

Art. 2º Para a implantação da franquia, o franqueador deverá fornecer ao interessado Circular de Oferta de Franquia, escrita em língua portuguesa, de forma objetiva e acessível, contendo obrigatoriamente:

I – histórico resumido do negócio franqueado;

II – qualificação completa do franqueador e das empresas a que esteja ligado, identificando-as com os respectivos números de inscrição no Cadastro Nacional da Pessoa Jurídica (CNPJ);

III – balanços e demonstrações financeiras da empresa franqueadora, relativos aos 2 (dois) últimos exercícios;

IV – indicação das ações judiciais relativas à franquia que questionem o sistema ou que possam comprometer a operação da franquia no País, nas quais sejam parte o franqueador, as empresas controladoras, o subfranqueador e os titulares de marcas e demais direitos de propriedade intelectual;

V – descrição detalhada da franquia e descrição geral do negócio e das atividades que serão desempenhadas pelo franqueado;

VI – perfil do franqueado ideal no que se refere a experiência anterior, escolaridade e outras características que deve ter, obrigatória ou preferencialmente;

VII – requisitos quanto ao envolvimento direto do franqueado na operação e na administração do negócio;

VIII – especificações quanto ao:

a) total estimado do investimento inicial necessário à aquisição, à implantação e à entrada em operação da franquia;

b) valor da taxa inicial de filiação ou taxa de franquia;

c) valor estimado das instalações, dos equipamentos e do estoque inicial e suas condições de pagamento;

IX – informações claras quanto a taxas periódicas e outros valores a serem pagos pelo franqueado ao franqueador ou a terceiros por este indicados, detalhando as respectivas bases de cálculo e o que elas remuneram ou o fim a que se destinam, indicando, especificamente, o seguinte:

a) remuneração periódica pelo uso do sistema, da marca, de outros objetos de propriedade intelectual do franqueador ou sobre os quais este detém direitos ou, ainda, pelos serviços prestados pelo franqueador ao franqueado;

b) aluguel de equipamentos ou ponto comercial;

c) taxa de publicidade ou semelhante;

d) seguro mínimo;

X – relação completa de todos os franqueados, subfranqueados ou subfranqueadores da rede e, também, dos que se desligaram nos últimos 24 (vinte quatro) meses, com os respectivos nomes, endereços e telefones;

XI – informações relativas à política de atuação territorial, devendo ser especificado:

a) se é garantida ao franqueado a exclusividade ou a preferência sobre determinado território de atuação e, neste caso, sob que condições;

b) se há possibilidade de o franqueado realizar vendas ou prestar serviços fora de seu território ou realizar exportações;

c) se há e quais são as regras de concorrência territorial entre unidades próprias e franqueadas;

XII – informações claras e detalhadas quanto à obrigação do franqueado de adquirir quaisquer bens, serviços ou insumos necessários à implantação, operação ou administração de sua franquia apenas de fornecedores indicados e aprovados pelo franqueador, incluindo relação completa desses fornecedores;

XIII – indicação do que é oferecido ao franqueado pelo franqueador e em quais condições, no que se refere a:

a) suporte;

b) supervisão de rede;

c) serviços;

d) incorporação de inovações tecnológicas às franquias;

e) treinamento do franqueado e de seus funcionários, especificando duração, conteúdo e custos;

f) manuais de franquia;

g) auxílio na análise e na escolha do ponto onde será instalada a franquia; e

h) leiaute e padrões arquitetônicos das instalações do franqueado, incluindo arranjo físico de equipamentos e instrumentos, memorial descritivo, composição e croqui;

XIV – informações sobre a situação da marca franqueada e outros direitos de propriedade intelectual relacionados à franquia, cujo uso será autorizado em contrato pelo franqueador, incluindo a caracterização completa, com o número do registro ou do pedido protocolizado, com a classe e subclasse, nos órgãos competentes, e, no caso de cultivares, informações sobre a situação perante o Serviço Nacional de Proteção de Cultivares (SNPC);

XV – situação do franqueado, após a expiração do contrato de franquia, em relação a:

a) *know-how* da tecnologia de produto, de processo ou de gestão, informações confidenciais e segredos de indústria, comércio, finanças e negócios a que venha a ter acesso em função da franquia;

b) implantação de atividade concorrente à da franquia;

XVI – modelo do contrato-padrão e, se for o caso, também do pré-contrato-padrão de franquia adotado pelo franqueador, com texto completo, inclusive dos respectivos anexos, condições e prazos de validade;

XVII – indicação da existência ou não de regras de transferência ou sucessão e, caso positivo, quais são elas;

XVIII – indicação das situações em que são aplicadas penalidades, multas ou indenizações e dos respectivos valores, estabelecidos no contrato de franquia;

XIX – informações sobre a existência de cotas mínimas de compra pelo franqueado junto ao franqueador, ou a terceiros por este designados, e sobre a possibilidade e as condições para a recusa dos produtos ou serviços exigidos pelo franqueador;

XX – indicação de existência de conselho ou associação de franqueados, com as atribuições, os poderes e os mecanismos de representação perante o franqueador, e detalhamento das competências para gestão e fiscalização da aplicação dos recursos de fundos existentes;

XXI – indicação das regras de limitação à concorrência entre o franqueador e os franqueados, e entre os franqueados, durante a vigência do contrato de franquia, e detalhamento da abrangência territorial, do prazo de vigência da restrição e das penalidades em caso de descumprimento;

XXII – especificação precisa do prazo contratual e das condições de renovação, se houver;

XXIII – local, dia e hora para recebimento da documentação proposta, bem como para início da abertura dos envelopes, quando se tratar de órgão ou entidade pública.

§ 1º A Circular de Oferta de Franquia deverá ser entregue ao candidato a franqueado, no mínimo, 10 (dez) dias antes da assinatura do contrato ou pré-contrato de franquia ou, ainda, do pagamento de qualquer tipo de taxa pelo franqueado ao franqueador ou a empresa ou a pessoa ligada a este, salvo no caso de licitação ou pré-qualificação promovida por órgão ou entidade pública, caso em que a Circular de Oferta de Franquia será divulgada logo no início do processo de seleção.

§ 2º Na hipótese de não cumprimento do disposto no § 1º, o franqueado poderá arguir anulabilidade ou nulidade, conforme o caso, e exigir a devolução de todas e quaisquer quantias já pagas ao franqueador, ou a terceiros por este indicados, a título de filiação ou de *royalties*, corrigidas monetariamente.

Art. 3º Nos casos em que o franqueador subloque ao franqueado o ponto comercial onde se acha instalada a franquia, qualquer uma das partes terá legitimidade para propor a renovação do contrato de locação do imóvel, vedada a exclusão de qualquer uma delas do contrato de locação e de sublocação por ocasião da sua renovação ou prorrogação, salvo nos casos de inadimplência dos respectivos contratos ou do contrato de franquia.

Parágrafo único. O valor do aluguel a ser pago pelo franqueado ao franqueador, nas sublocações de que trata o *caput*, poderá ser superior ao valor que o franqueador paga ao proprietário do imóvel na locação originária do ponto comercial, desde que:

I – essa possibilidade esteja expressa e clara na Circular de Oferta de Franquia e no contrato; e

II – o valor pago a maior ao franqueador na sublocação não implique excessiva onerosidade ao franqueado, garantida a manutenção do equilíbrio econômico-financeiro da sublocação na vigência do contrato de franquia.

Art. 4º Aplica-se ao franqueador que omitir informações exigidas por lei ou veicular informações falsas na Circular de Oferta de Franquia a sanção prevista no § 2º do art. 2º desta Lei, sem prejuízo das sanções penais cabíveis.

Art. 5º Para os fins desta Lei, as disposições referentes ao franqueador ou ao franqueado aplicam-se, no que couber, ao subfranqueador e ao subfranqueado, respectivamente.

Art. 6º (VETADO).

Art. 7º Os contratos de franquia obedecerão às seguintes condições:

I – os que produzirem efeitos exclusivamente no território nacional serão escritos em língua portuguesa e regidos pela legislação brasileira;

II – os contratos de franquia internacional serão escritos originalmente em língua portuguesa ou terão tradução certificada para a língua portuguesa custeada pelo franqueador, e os contratantes poderão optar, no contrato, pelo foro de um de seus países de domicílio.

§ 1º As partes poderão eleger juízo arbitral para solução de controvérsias relacionadas ao contrato de franquia.

§ 2º Para os fins desta Lei, entende-se como contrato internacional de franquia aquele que, pelos atos concernentes à sua conclusão ou execução, à situação das partes quanto a nacionalidade ou domicílio, ou à localização de seu objeto, tem liames com mais de um sistema jurídico.

§ 3º Caso expresso o foro de opção no contrato internacional de franquia, as partes deverão constituir e manter representante legal ou procurador devidamente qualificado e domiciliado no país do foro definido, com poderes para representá-las administrativa e judicialmente, inclusive para receber citações.

Art. 8º A aplicação desta Lei observará o disposto na legislação de propriedade intelectual vigente no País.

Art. 9º Revoga-se a Lei n. 8.955, de 15 de dezembro de 1994 (Lei de Franquia).

Art. 10. Esta Lei entra em vigor após decorridos 90 (noventa) dias de sua publicação oficial.

Brasília, 26 de dezembro de 2019; 198º da Independência e 131º da República.

JAIR MESSIAS BOLSONARO

Paulo Guedes

Fonte: BRASIL. Lei n. 13.966, de 26 de dezembro de 2019. **Diário Oficial da União**, Poder Legislativo, Brasília, DF, 27 dez. 2019. Disponível em: <http://www.planalto.gov.br/ccivil_03/_ato2019-2022/2019/lei/L13966.htm>. Acesso em: 11 jan. 2021.

respostas

Capítulo 1

Questões para revisão

1) Com a evolução e o aumento da escala do comércio, criou-se e fortificou-se uma nova classe social: a burguesia, que começou a utilizar seu poder econômico para influenciar os reinados, impactando claramente as grandes navegações ocorridas entre os séculos XV e XVI, as quais só foram possíveis graças ao investimento de muito capital da burguesia. Essas viagens revolucionaram o comércio mundial, fazendo com que países pudessem produzir e vender produtos em grande escala, geralmente trazidos de suas colônias.

2) As primeiras formas de franquia surgiram no início dos anos 1940. A grande explosão do *franchising* ocorreu após o término da Segunda Guerra Mundial, quando milhares de ex-combatentes norte-americanos em terras estrangeiras retornaram às suas cidades de origem determinados a abrir

os próprios negócios. Muitos "quebraram" por falta de experiência empreendedora. Assim, o *franchising* surgiu como solução para esse problema, mediante o incentivo da Small Business Administration, que financiava a abertura de pequenos negócios.

3) d
4) c
5) a

Capítulo 2

Questões para revisão

1) O *franchising* é uma estratégia de negócios baseada em parceria e cooperação contínuas para multiplicar canais de distribuição de produtos e serviços de determinada marca, gerando direitos autorais (*royalties*) ao franqueador e renda para o franqueado.
2) A moderna técnica de resolução de conflitos sugere uma postura integrativa que contemple as seguintes ações:
   » identificar interesses e sentimentos;
   » compreender os interesses de ambos para abrir opções e escolher uma solução justa, que gere ganhos recíprocos;
   » separar as pessoas do problema;
   » concentrar-se nos interesses, e não em posições;
   » utilizar critérios objetivos;
   » reduzir a pressão.
3) c
4) a
5) b

Capítulo 3

Questões para revisão

1) Por atender a uma necessidade básica da população brasileira, a alimentação é um dos segmentos que mais se expandem

no setor de franquias. Até mesmo em períodos de crise ou de incerteza econômica, grande parte das pessoas realiza refeições fora de casa, viabilizando a criação de lanchonetes, bares, restaurantes e cafés. Além disso, a capacidade do segmento para se adaptar aos mais diversos tipos de consumidores também faz com que várias oportunidades de novas redes apareçam. Cada vez mais, os clientes procuram experiências gastronômicas únicas. Ainda, a demanda por produtos saudáveis tem alavancado uma nova onda de redes de franquias.

2) Os mercados de *shopping centers* e franquias estão intrinsecamente relacionados. Estima-se que cerca de 35% das lojas dos *shopping centers* representem marcas de franquias. Esse percentual sobe para 55% no setor de alimentação. Por isso, abrir uma loja de franquia em um *shopping center* pode ser uma boa decisão de investimento, mas o custo é elevado para o lojista, que precisa seguir estritamente as regras do *shopping*.

3) d
4) c
5) d

Capítulo 4

Questões para revisão

1) Podem ser citados, por exemplo, os seguintes elementos:
   » unidade-piloto ou cadeia de lojas implantadas, testadas e consistentemente lucrativas;
   » equipe gerencial e de consultoria coesa e competente nos aspectos legais, financeiros, comerciais, operacionais e administrativos;
   » capitalização suficiente para o lançamento e a sustentabilidade do programa de *franchising*, com fornecimento de apoio inicial e suporte contínuo aos franqueados;

- » identidade de marca diferenciada e registrada, com aplicação padronizada em *layout*, sinalização, *slogan*, material de divulgação e em tudo o que se relacione à imagem do negócio;
- » métodos de operação e gestão profissionais, sistematizados em um manual de operações, expressando claramente os padrões objetivos de qualidade.

2) O Boticário abriu suas portas em 22 de março de 1977, na cidade de Curitiba. O nome da marca foi adotado pelo idealizador do empreendimento, Miguel Krigsner, que teve a ideia do negócio quando participava de um curso em Porto Alegre no qual a manipulação artesanal de medicamentos começava a ser redescoberta, dando ao paciente uma opção de tratamento personalizada, principalmente na área de dermatologia. A busca por uma experiência inovadora implicava a criação de um local muito agradável, no qual as pessoas se sentissem bem. Os tradicionais balcões repletos de remédios foram substituídos por sofás, revistas e cafés para aqueles que quisessem aguardar pela preparação de suas receitas. Era o início do atendimento especial que a marca mantém e aprimora até hoje.

3) d
4) a
5) c

Capítulo 5

Questões para revisão

1) Alguns dos principais critérios a serem levados em consideração na hora de escolher uma franquia são:
    - » Valor de investimento: para abrir um negócio, é preciso investimento, e cada tipo de franquia requer um valor inicial. Além da taxa de uso da franquia, existem os custos com a implantação: aluguel do estabelecimento,

reformas do local, compra de equipamentos, entre outros.
» Afinidade com o modelo de negócio escolhido: ter afinidade com o modelo de negócio escolhido contribui para o sucesso.
» Retorno sobre investimento: é preciso considerar quanto tempo o tipo de franquia escolhido leva para dar retorno. Certamente, isso depende de uma boa gestão, mas há alguns modelos de *franchising* que oferecem retorno mais rápido, e outros, mais demorados.
» Confiabilidade da marca franqueadora: como o setor de *franchising* é bastante promissor, também há uma grande oferta de empresas franqueadoras no mercado atual. Para ter certeza da confiabilidade da franqueadora, é indicado conversar com outros franqueados e consultar, em órgãos específicos, sua situação financeira.

2) Os contratos podem ser assinados por franqueado pessoa física ou jurídica. As franqueadoras, muitas vezes, preferem ceder o direito a uma pessoa física ou, quando aceitam uma empresa como franqueada, podem, por precaução, inserir uma cláusula *intuitu personae*, pela qual fica estabelecido que determinado sócio deve permanecer como administrador responsável pela unidade franqueada por todo o período de vigência do contrato, sendo o responsável por todas as obrigações do contrato.

3) a
4) c
5) c

Capítulo 6

Questões para revisão
1) Podem ser citados, por exemplo, os seguintes fatores:
   » **Gestão econômico-financeira**: refere-se a elementos como modelagem, lucratividade, rentabilidade, custos,

receitas, tributos e taxas, investimentos, capital de giro, ponto de equilíbrio e remunerações.

» **Capital humano**: trata-se de questões relativas a desenho de equipe, recrutamento, seleção, gestão de pessoas, capacitação (treinamento e desenvolvimento de competências e educação continuada), motivação, comunicação corporativa, avaliação de desempenho, política de incentivos, gestão de conflitos e crises, cultura organizacional, ambientes colaborativos etc.

» **Marketing**: vincula-se a pontos como: desenvolvimento e gestão da marca (*branding*); *mix* de marketing (produto, preço, ponto, promoção); comunicação multiplataforma; publicidade e propaganda; relações públicas; assessoria de imprensa; *crisis communication*; mídias sociais; sistema de informações mercadológicas; pesquisa de mercado; análise da concorrência; campanhas; posicionamento e reposicionamento; relacionamento com o consumidor (ouvidoria, SAC, "fale conosco"); e fundo de marketing.

2) A Circular de Oferta de Franquia (COF) é um documento fornecido unilateralmente pela empresa franqueadora. Geralmente, é desenvolvida com o auxílio de consultores especializados e de advogados especialistas na área. Sua linguagem deve ser bastante acessível, de modo que o candidato a franqueado compreenda da melhor maneira como funciona o sistema de franquias proposto. Alguns dos pontos que devem constar nessa circular são: descrição da franquia e do negócio; histórico da empresa franqueadora; e perfil do franqueado.

3) c
4) b
5) b

sobre o autor

Leandro Krug L. Batista é especialista em gestão de negócios de franquias e varejo, com mais de 20 anos de experiência de mercado. Tem mestrado em Administração pela Pontifícia Universidade Católica do Paraná (PUCPR), MBA em Empreendedorismo e graduação em Administração, ambos pela FAE Business School. É professor há mais de dez anos em turmas de pós-graduação. Ministrou dezenas de disciplinas relacionadas a marketing, vendas, varejo e franquias em diversas instituições de ensino superior, entre elas, Universidade Positivo, FAE Business School, Estação Business School, Endeavor e Universidade Panamericana Guadalajara (México). Ministrou centenas de palestras em várias cidades brasileiras, com foco em tendências de varejo, franquias, empreendedorismo e comportamento do consumidor. Foi gestor do Projeto Setorial de Varejo no Serviço Brasileiro de Apoio às Micro e Pequenas Empresas (Sebrae), entre 2009 e 2012. Empreendedor, é sócio-diretor da Comercium – Inteligência Orientada ao Mercado, empresa especializada em formatação de redes de franquias, estratégias de mercado, estruturação de canais de vendas, soluções de excelência e inovação de produtos, serviços e processos.

Os papéis utilizados neste livro, certificados por instituições ambientais competentes, são recicláveis, provenientes de fontes renováveis e, portanto, um meio **respons**ável e natural de informação e conhecimento.

Impressão: Reproset
Outubro/2022